どこでも誰とでも働ける

12の会社で学んだ“これから”の仕事と転職のルール

尾原和啓

ダイヤモンド社

はじめに

いま起きている3つの大きな変化

ぼくがグーグルで働いていたとき、海外で開催されたカンファレンスで、スイス人のゲーム会社の経営者と知り合いになりました。10人くらいのベンチャーで、スイスにいながら日本市場向けに美少女ゲームをつくり、ガッツリ儲かっているというのです。

「そんなに儲かっているなら日本に来ればいいのに」と聞くと、こんな答えが返ってきました。

「自分たちは美少女ゲームが大好きだけど、日本のゴミゴミした感じは嫌い。スイスの食生活と文化に満足している」

「日本で会社をつくっても、ゲームメーカーがたくさんあって、エンジニアも集めにくい。でもスイスにいれば、『きれいな空気を吸いながら美少女ゲームをつくれるなんてサイコー！』というエンジニアが集まってくれる。だから日本には行かないんだ」

＃はじめに
＃日本も３つの変化に巻きこまれる
＃スイス人が母国で日本人向け美少女ゲーム

好きなところに住んで、気の合う仲間とゲームをつくって、それを地球の反対側の人に届ける。インターネットを活用することで、十分にビジネスが成り立っているのです。

しかし、日本にいて日本の会社の方々と仕事をし、話をすると、こうした働き方は自分とは無縁と思っている人がまだまだ多いようです。むしろ、好きでもない職場で働き、その現状を変えられないと思っている人が多いのが現実です。

もちろん、終身雇用の崩壊や働き方改革が叫ばれるような時代の変化を、「知識として」知っている人は少なくありません。しかし、それで「自分はどうしよう」と考え、生き方や働き方を変えている人となると、本当に少ない。

実際、会社が社員に将来を保証することは、どんどん難しくなってきています。にもかかわらず、**会社は人事制度や教育システムを変えることができず、旧来の価値観を若者に刷りこもうとしている。**

そのジレンマを正しく言葉にはできないながらも、漠とした不安を感じ、胸に抱え悩んでいる。そんな若者に、何人も会ってきました。

彼らにも直接言っていることですが、改めてここで断言しましょう。**その不安は完全に正しい**。世界はいま、とても大きな変化の中にあって、日本もその流れと無縁でいられるはずはないのです。その影響は、個人の生活や働き方にも確実に及ぶことになります。

さて、本書のタイトル「どこでも誰とでも働ける」には、2つの意味があります。1つは、**①どんな職場で働いたとしても、周囲から評価される人材になる**ということ。そしてもう1つは、**②世界中のどこでも、好きな場所にいながら、気の合う人と巡り会って働ける**ということです。

現実味のない話に聞こえるでしょうか。しかし、「どこでも誰とでも働ける」ことを目指すのは決して「理想論」ではなく、激動する時代をサバイブするための、もっとも「現実的」な方法なのだ、というのが本書の大きなメッセージです。

そんな本を、どんな人間が、なぜいま書くのか。まずはそこから話を始めましょう。

ぼくは、インターネットが人間をより人間らしくすると信じています。まだ誰も信じていないような新しいアイデアを加速することが大好きで、さまざまな企業を渡り歩きながら、それらをちょっと加速させる新規事業に取り組んでいます。ぼくの人生はまさにプロジェクトの連続なのです。

ぼくは大学院で人工知能の研究に没頭したあと、コンサルティングファームのマッキンゼー・アンド・カンパニーに入り、NTTドコモの「iモード」立ち上げを支援しました。次にリクルートに転じ、そのあとネット企業のケイ・ラボラトリー（現KLab）、サイバード、オプト、グーグル、楽天、さらにFringe81（フリンジ81）などのベンチャーにも在籍。現在は藤原投資顧問というシンガポールの投資会社に所属しながらIT批評家としても活動しています。途中でのリクルートへの出戻りを含めれば、全部で12回の転職をしているわけです。

普通にみると人間のクズですね（笑）。でも、ぼくの誇りは、ほとんどの職場といまでも関係が続いていて、ちょっとしたことでも相談し合う間柄だし、自分もそのときは「われわれは」と自然に〝自分事〟で語れることです。

こうした経験から、先ほどの①の意味での、「どこでも誰とでも働ける」方法については、誰よりも言語化して蓄積してきたと思います（そもそも、なぜこれほどまでに転職を繰り返してきたのかは後ほどお話しします)。

また、ぼくはいま、②の働き方も実践しています。シンガポールやバリ島を拠点としつつ、日本に定期的に戻ってくるというのが基本のスタイルです。そして何かやりたいことができるたびに、ベルリン、シリコンバレー、深圳《シンセン》、ウクライナなど、世界中を自由気ままに訪れて仕事をしているのです。

では、ぼくにしかできないような特殊な仕事をしているかというと、決してそうではありません。仕事の内容はプロジェクトマネジメントであったり、クライアントの相談相手になったりすることがメインです。プログラマーやデザイナーのようにアウトプットの形が明確な職種でもありません。ポリシーとして個別の企業への投資や出資はしていないので、投資収入なんて微々たるものです。つまり、日本のオフィスに勤務する会社員の人たちと、本質的には同じ仕事をしているのです。

しかし、いまのスタイルで生活するようになって、およそ3年。不自由を感じたことは一度もありません。ネット環境が十分に整ってきた現在では、PCでのチャットやテレビ通話で、ほぼすべての用が足りるからです。

ぼくのような働き方をする人はいま、世界中で増え続けています。

英語圏では昔から国を越えて多くの人が移動していますが、最近は中国人やインド人の存在感が増しています。アジアの金融センターとしての地位を確立したシンガポールはもちろん、タイやベトナム、ミャンマー、ラオスなどの国には、今後の経済成長を期待して世界中から人が集まっています。彼らの多くは、企業の駐在員として滞在しているわけではありません。自らの意志と裁量で、そこで働く選択をしているのです。

また、バリ島やマレーシアには有名な欧米のインターナショナルスクールも設立され、教育熱心な日本人も多く移住してきています。現地で働く人、母国（日本）での仕事をリモートで続ける人、両方をおこなう人、みなそれぞれです。もちろん、「どこでも誰とでも働ける」というのは、移住だけでなく、冒頭のスイス人たちのように「自分の国に留まる」という選択も含みます。

これまでの働き方を根底から変えようとしている「大きな変化」を、ぼくなりの言葉でお伝えすると次のとおりです。

変化1　社会やビジネスが、いっそうインターネット化する

かつて糸井重里さんは、『インターネット的』（PHP研究所）という本で、インターネットの本質は**「リンク」「フラット」「シェア」**の3つであると、見事に喝破しました（この本の発売が2001年というインターネットの黎明期であり、糸井さんがITの技術者でないことを考えると、恐るべき洞察です）。

その2001年と比べるとわかりやすいのですが、世界はものすごいスピードで「インターネット化」しています。社会の仕組みやビジネスが、どんどんインターネット上でおこなわれるようになってきているということです。

世界がインターネット化することによる影響は無数にありますが、個人の働き方は、多くの人や企業と対等（フラット）の関係でつながり（リンク）、知識や成果を分け合う（シェア）形に進むことになるでしょう。むしろ、そうした働き方に適合する人でなければ、ビジネスの輪の中にいることができなくなっていくはずです。

変化2　これから仕事で活躍できるのは、プロフェッショナルだけになる

インターネット化した社会やビジネスに適合し、「リンク」「フラット」「シェア」の働き方ができる人は、必然的に何らかの専門性をもったプロフェッショナルになります。

ここで言うプロフェッショナルは、医師や弁護士のような伝統的な職種だけを意味しません。プロフェッショナルの語源は、自分が何者であるか、何ができて何ができないかを、自分の責任で「プロフェス（公言）」することです。自分で自分を律して成果を出し、それを相手にしっかり説明して、相手がそれを評価してくれること。この3つをおこなうことができれば、どんな職種であれ「プロ」と名乗ることができます。そして、ネットで自分の考え方ややったことをプロフェスしていくと、信頼がたまっていきます。

そのようにして信頼される「プロ」になれば、「どこでも誰とでも」働くことができるのです。

変化3　会社と個人の関係が根底から変わる

働く人の多くがプロフェッショナルになれば、必然的に会社と個人の関係は変化します。いままでの正社員を前提とした終身雇用的な関係から、フラットにつながりながら、利益をシェアする関係が主流になるでしょう。

既存のインターネットだけでなく、ＡＩ（人工知能）やブロックチェーンなど、いままさに進行している技術革新もそれを後押しするはずです。また、『LIFE SHIFTライフ・シフト』（リンダ・グラットン／アンドリュー・スコット 東洋経済新報社）という本で示された、多くの人が１００歳まで生きる社会が現実になれば、80歳程度の寿命を想定していた従来の就職や転職の仕組みも大きく変わらざるを得ません。「最初の20年で学び、その後40年働き、残りの20年は引退生活で自分の趣味を楽しむ」という前提が大きく崩れるからです。

ずっと学び、ずっと働きながら、自分の趣味を全うする、しかも変化する時代の中で、つねに自分も変化し続けることが求められるようになります。

「そういった世界の変化は、自分には関係ない」と思われるかもしれません。変化を実感されていない方も、まだたくさんいるでしょう。

しかしそれは、いままで日本が２つの特別な壁で守られていたからです。そして、その壁はいよいよ崩れようとしています。

壁の１つは、「島国という距離の壁」でした。この壁は、インターネットによって20年前から崩れ始めています。たとえばかつてアメリカ国内にあったアメリカ企業のコールセンターは、人件費がはるかに安いフィリピンやインドに移転しています。コールセンターにかけられた電話は、インターネットによって遠くのフィリピンやインドにつながり、受け答えがおこなわれるようになったのです。

たしかにこれは、英語圏だから起きていることです。日本はまだ、「日本語の壁」によって守られているという人もいるでしょう。

でも、この言葉の壁すら、ＡＩが進歩し、同時翻訳がビジネスレベルでも可能になれば、崩れることになります。本文で紹介するように、それは決して遠い未来ではなく、10年以内に実現するでしょう。むしろ英語圏のようにゆっくりと移行しなかった分、みなさんは急激な世界戦に巻きこまれることになるのです。

『どこでも誰とでも働ける』は、みなさんにこうした大きな変化を乗りこなせる人になっていただくための本、と言うこともできるでしょう。

その下準備として、第1章では、ぼくがインターネット上と12の職場で磨いた「どこでも誰とでも働ける仕事術」をまとめました。冒頭では「どこでも誰とでも働ける」を2つの意味に分けましたが、「どんな職場でも求められる」人材になることを突き詰めれば、自然と、「働く場所も仲間も、取引先も自分で選べる」ようになるからです。

そして第2章では、会社と個人の関係が変わりつつあるいま、知っておいていただきたい「人生100年時代の転職哲学」を、第3章では未来への備えとして「AI時代に通用する働き方のヒント」をお伝えします。

これらの内容が少しでもみなさんの心に刺さり、仕事観や働き方のアップデートにつながることを、心から願っています。

◇　◇

1つお願いがあります。自分もこの大きな変化の仲間だと感じていただけたら、ハッシュタグ「#どこ誰」をつけて、ツイッター、フェイスブック、インスタグラムでつぶやいていただけるとうれしいです。ページの端っこに各節の#タグが載っているので、それらをつけていただいてもOKです。

ぼくはそれを全部見ていますし、何よりもそれを見たみなさんと一緒に新しい変化の流れをつくっていけたらいいなと思います。

目次

第2章 人生100年時代の転職哲学

第3章 AI時代に通用する働き方のヒント

第1章

どこでも誰とでも働ける仕事術

本書を書くにあたり、ぼくがいまのように、「どこでも誰とでも」働けている理由を、昔のことを思い出しながら考えてみました。

最初のベースになったのは、しっかりとした仕事術のようなものではなくて、できる限り人に貢献したいという気持ちであるとか、ギブの習慣とかであったように思います。特別な会社でないと学べないことではありません。誰にでもできることの積み重ねから始まったのです。それは、インターネット化が進み、ＡＩなどの技術革新が起きたあとだからこそ活きてくる、楽しくて冴えたやり方だと思っています。だから、本書もそうした話から始めます。

そのうえで、マッキンゼー、リクルート、グーグルといった職場で、たくさんの人に教わりながらつくってきた仕事のルールを、改めて言葉にしてみました。これらは、プロになるための、またプロでい続けるためめの、ぼくなりの方法論です。難しいもの、複雑なものは１つもないので、ぜひ試してみてください。

自分からギブすることがインターネット時代の大前提

個人と会社、あるいは個人同士、会社同士が「フラット（対等）」な関係で「リンク（つながり）」し、知識や成果を「シェア（共有）」するインターネット化した社会では、会社から一方的に命令される関係と違って、みなさんはもっと生き生きと働くことができます。

でも、他の人から必要な情報をシェアしてもらうには、まず自分からシェアする姿勢が欠かせません。先に相手にギブするから、見返りをもらえる（テイク）のであって、何でも「くれくれ」とねだってばかりの人や、何かしてもらったのに何も返さない人に対しては、誰も自分の知識や成果をシェアしようとは思わないでしょう。

ぼくは、「ギブ&テイク」ではなく、さらに一歩進めて、「ギブギブギブギブギブ&ギブ」でちょうどいいと思っています。見返りを求めることなく、自分のもっているスキルを惜しげもなく提供することで、新しい経験を仕入れることができるからです。

＃ギブし続ける
＃阪神・淡路大震災

新しく仕入れた経験からさらに別の価値を提供して、次の経験につなげていく。ギブし続ければ、どんどん自分のスキルや経験値が上がります。自分からギブすることは、いつの時代も最強の戦略であり続けるでしょう。

ぼくがそれを実感したのは、1995年の阪神・淡路大震災、大学院1年生のときでした。大阪の実家の被害はそれほど大きくなく、大学院のあった京都も文化財がいくつか倒れたくらいでほとんど影響がなかったこともあり、ぼくは震災の2日目から現場に飛びこみました。

ただ現場はどこも混乱していて、ボランティアが大勢やってきて、救援物資も全国から続々と届いているのに、ある避難所には人も物資も集中する一方、別の避難所では人が足りないということが起きていました。そこでボランティアの人たちを振り分けるための「東灘区情報センター」を神戸大学の学生と協力して立ち上げました。結果として、そこに各避難所の情報が集まり、被災者とボランティアをつなぐプラットフォームになったという話は『ITビジネスの原理』（NHK出版）という本にも書きました。

最初は「誰だ？　こいつは？」と不審の目で見られても、混乱する現場で私心なく大義のために動き続けていれば、やがて周囲から信頼されて、年齢や肩書、所属の違う人たちとチームを組めることがわかりました。そのときの経験があるから、どんな会社に転職しても、どんなプロジェクトに参加しても、すぐに溶けこめるのです。

もしあなたが新しい職場に馴染みにくいと感じるとしたら、それは自分で勝手に「壁」をつくっているだけではないでしょうか。その「壁」を壊すのは簡単です。**ひたすら相手のためになることをギブし続けること。**これさえできれば、本当に「どこでも誰とでも」働けます。

震災が起きたのは、まだウィンドウズ95が登場する前のことだったので、パソコンが得意だったぼくは、それだけで希少価値がありました。そこで、あちこちの会議に顔を出しては、リアルタイムで議事録をとるというスキルを提供していました。

ぼくを会議のメンバーに入れておくと、会議が終わった瞬間に議事録とTO DOリストができあがっているから、それをプリントアウトして全員に配るだけでいい、ということが知れ渡ると、「尾原がいると便利だから、ちょっと来い」と、いろいろな会議に呼んでもらえるようになりました（この議事録の書き方は、107ページのコラムでくわしく解説します）。

ギブし続ける
阪神・淡路大震災

ぼくが最初にもっていた武器は、この「他人よりも議事録をとるのが速い」ということだけでしたが、それがきっかけでいろいろな会議に呼ばれるようになり、やがてそこで仕入れた知識をシェアして、「〇〇さんに会いに行けば、この問題はすぐに解決しますよ」とあちこちをつなげる（リンク）ようになります。そうしているうちに、さらに「次の実行プロジェクトをやってみるか」と声をかけてもらって、プロジェクトを動かす経験もできました。

最初は小さなものからスタートして、どんどんギブしていくだけで成長が加速するのは、まさに「わらしべ長者」の世界です。

ビジネスにおいても、トラブルの最前線はさまざまな問題が凝縮しているので、貴重な経験を積むことができます。現場が混乱しているときほど、肩書や地位に関係なく、どんどん実行した人が勝ちですから、ぼくは喜んで首を突っこみます。そこでスキルをギブすれば、もっと大きなものが得られることがわかっているからです。

自分を成長させるギブの「わらしべ長者」は、**直接的な見返り（金銭）を求めないことがうまくいくコツ**です。直接的な見返りがなくても、もっと大きな見返り（経験、スキル、人望、ブランド）を手に入れることができるのです。

2

自分がもつ知識は できる限りオープンにしたほうが得をする

誰にとっても、もっともギブしやすく、また受け取りやすいのが「知識」です。

たとえば、ぼくは毎朝1時間かけてニュースをチェックして、おもしろい記事があったら、その記事のURLをメールにコピペして、最低でも20人の人にギブしています。といっても、Ccで全員に同じメールを送るのではなく、相手に合わせて別々の記事を取り上げ、「あなたはこういう視点でこのニュースを読むとおもしろいと思う」と一言添えて送っています。

なぜそんなことをしているかというと、「このニュースは○○さんの役に立ちそう」「○○さんならこの記事をどう読むだろうか」とつねに視点を変えながら読むことになるので、結果として、**20人分の視点を自分の中にもてる**からです。誰かの目線で記事を読む習慣をつけることによって、ぼくは、お客様と打ち合わせをするときも、相手の視点に立って「どうしたら喜んでもらえるか」を考えることができるようにな

自分のもつ知識をオープンに
信頼の貯金
知識をオープンにしないリスク

りました。

　また、自分のためなら3トピックくらいしか読まないところを、20人の目で記事を読むことになるので、1人あたり3トピックとして、20通りのモチベーションで、60本もの記事に目を通すことができるわけです。それによって、インプットの量を無理なく確保できるだけでなく、実際にその相手と会ったときに、「例のあの記事なんですけど……」と話の糸口がすぐに見つかります。その記事が相手の心に響いていれば、「そうなんだよ。実はこんなことを始めようと思っていて、よかったらちょっと助けてくれない?」と声をかけていただけるかもしれません。


「せっかく自分が先取りした情報やアイデアを、ただで他人に教えてしまうなんてもったいない」と思う人もいるかもしれませんが、そんな心配はいりません。

　壁をつくって知識を隠すことのメリットはどんどんなくなっています。昔は知識を自分だけのものにして、こっそり出し抜いてやるというやり方で一定の成果を上げることができましたが、いまはネットで調べれば、たいていの情報は手に入ります。自分だけが知っていることなんて実はほとんどないことがわかるし、自分が思いつくようなことは、世界中で1000人は思いついていると思ったほうがいい。そうなると、自分が隠しても誰かに先にやられてしまう可能性が高いのです。

結局、スピード勝負ということであれば、自分だけでコツコツやるのではなく、オープンにしてまわりの人をどんどん巻きこんでスピーディに実現しないと間に合わないわけです。

自分のもつ知識をオープンにすると、「旗を立てる」という効果もあります。

要するに、最初にそれを言った人というふうに、まわりの人が認知してくれる。最初に言ったということ自体がブランドだし、旗を立てたところには、それに関心がある人たちや情報がどんどん集まってきます。

会社という小さな枠組みの中で縮こまっているよりは、どんどん情報をオープンにして回していったほうがより多くの情報が集まるし、結果的に、あなたにも力が宿ることになります。もっと大事なのは、そうやって自分からオープンにしていれば、「あいつの頼みなら聞いてやろう」「あいつが会いたいというなら会ってやろう」と思ってもらえるようになることです。こちらが先に信じて頼れば、相手も返してくれるわけです。

自分のもつ知識をオープンに
信頼の貯金
知識をオープンにしないリスク

だからぼくは、相手が初対面の方でも「騙されたと思って、30分間ぼくと話をしてください」とお願いしたりしています。30分もあれば、たいていの方に満足していただけるので、そこで意気投合して、それがまた次のネットワークにつながっていきます。会ったことがない方でも、フェイスブックに「〇〇さんに会ってみたい」と書きこめば、知り合いの誰かが紹介してくれます。

自分からも、この人とこの人をつなげたらおもしろいと思えば、どんどん紹介しています。「尾原が言うなら、会ってみるか」ということで、実際に会うと、一定の割合で「あの人、おもしろかったよ。最高！」といったリアクションが返ってきます。そこから事業が生まれることもあります。仮にぼくがそこに絡んでいなかったとしてもいいのです。ぼくには「分け前をよこせ」みたいな気持ちはまったくありません。

そうしたことが可能なのは、ぼくがそれまでやってきたことを、みんな知っているからです。「尾原の言うことなら間違いない」という**信頼の貯金が貯まっている**わけです。

結局、**知識や情報は隠すよりもオープンにしたほうが自分のためにもなり、他の人からも信頼されるから、圧倒的に得なのです。**

営業なら、たとえば顧客リストやお客様に関する情報を、自分の手柄をあげるためだけに囲いこむよりも、社内で情報共有すれば、「それなら、あの人に会うといいよ」「こんな提案のほうが受け入れられるかも」とアドバイスをもらえるかもしれません。自分が情報を出していれば、相手も返してくれる。それによって、自分の業績が上がるだけではなく、チーム全体の士気も上がり、同僚からも信頼されるという好循環が生まれます。

もし、あなたがいまいる会社が情報を囲いこんだほうが勝てるゲームをしていたとしても、ちょっと外に出てみれば、壁をつくらず、他の人からの信頼を蓄積したほうが有利になるゲームが大々的におこなわれています。だったら、外に出て、人とのつながりを大事にしたほうがいいのでは、とぼくは思います。壁をつくらないことで生じるデメリットなんて、実はほとんどないのですから。

自分のもつ知識をオープンに
信頼の貯金
知識をオープンにしないリスク

3 グーグルが最高のブレスト相手になる理由

情報はできるだけオープンにしたほうがいいといっても、まず核となる知識がなければ、誰かから一方的に与えてもらうだけの「くれくれ」状態になってしまいます。わからないことはまずググる。これがすべての基本です。そうして調べたものは、積極的にオープンにする。この順番を間違えてはいけません。

グーグルが登場したのは、1999年頃のことです。検索の主流がディレクトリ型からロボット型に切り替わるタイミングでした。何より衝撃を受けたのは、検索結果が表示されるまでの速さです。たとえば、「尾原和啓」でググると、「約30800件」ヒットして「0・33秒」かかったと表示されますが、これが1秒を切るか切らないかというのが大きな問題でした。結果が表示されるまで1秒を切ってくると、思考を途切れさせないからです。

思いつくまま入力して、どんどん検索すると、ポンポンポンとラリーのように返ってくる。そうなると、**検索エンジンがブレスト相手になる**のです。

結果が表示されるまでに1秒以上かかると、そこで思考が途切れます。ディレクトリ型のように、結果にたどり着くまで何クリックもしなければならないようでは、探すこと自体が目的になってしまって、考えが深まらない。このスピードの違いは致命的でした。

検索エンジンとしては最も後発といってもいいグーグルが、先行するサービスのほとんどを葬り去ったのは、「ページランク」という独自のアルゴリズムで、価値あるウェブサイトにヒットする率が異様に高かったから、というのが主な理由です。しかし、結果表示のスピードが抜群に速く、検索があたかも対話のように利用できるようになったから、というのも大きかったと思います。

ブレスト相手としてのグーグルは、どんどん進化し続けています。ここでは、ぼくなりの情報収集の方法もお伝えしておきましょう。

検索キーワードを探す基本動作はグーグル検索ですが、新着コンテンツを中心に見て回るときは、**グーグルアラート**（https://www.google.co.jp/alerts）が便利です。自分の検索キーワードを登録しておけば、毎日、関連ニュースをメールで知らせてくれます。

ぼくが社会人になってから習慣としてずっとやっていたのは、**出会った人のうち、これぞという人の名前を全部登録しておく**ことです。当時はまだグーグルアラートはなかったので、日本経済新聞の記事検索サービス「日経テレコン」を使っていましたが、登録済みの名前が記事に出ると、毎日メールで知らせてくれるわけです。

本人に会ったときに「あの記事よかったですね」と言えば相手の方にも喜んでいただけるし、「あんな小さな記事に気づくとは、尾原は新聞を隅々まで読んでいるんだな」と、いい意味で誤解してもらえます。

「日経テレコン」は主要メディアだけが対象ですが、グーグルアラートはブログを含めたほとんどのメディアが対象なので、営業の人は取引先を、広報の人は自社の社員の名前を登録しておけば、強力な武器になるはずです。

また、自分が関心をもつキーワードが、いつ・どこで・どれくらい検索されているかは、**グーグルトレンド**（https://trends.google.co.jp/trends/）で調べることができます。検索回数の多さは、ニーズの強さを意味します。ということは、それがビジネスにつながる可能性が高い。
さらに、自分でもそのワードについてブログやＳＮＳで情報発信していた場合、自分の書きこみが検索結果の何位に表示されるかで、同じ関心をもつ競合の多さや、自分の立ち位置をつかむことができます。そのワードに関する検索上位を狙うのか、あるいはもっとニッチなワードを見つけて、そこで一人勝ちを目指すのか。そのキーワードがもつ市場価値を知ることで、いろいろな手を打つことができます。

アカデミックな論文を対象にした**グーグルスカラー**（https://scholar.google.co.jp/）もよく使います。もともとグーグル検索の「ページランク」のアルゴリズムは、被引用数によって学術論文を評価するシステムをもとにつくられたくらいですから、学術論文というのは参照構造がしっかりしています。その意味で、いまホットなおもしろい論文を探すのは意外と簡単なのです。それに論文の冒頭には要約がついていますから、手間も省けます。
とくに最近は、マーケティングや組織論、意思決定に影響を与える心理的バイアスなど、ビジネス関連の論文がすごく増えているので、なぜみんな論文を読まないのか不思議なくらいです。

＃グーグル
＃情報収集

ちなみに、ぼくは毎年、その年に読んだ紙の本と電子書籍、論文を棚卸ししているのですが、去年いちばん数が多かったのは論文でした。**グーグル翻訳の精度が上がって、英語の論文も非常に読みやすくなった**ので、最新の研究成果に出合える場としておすすめです。

4 圧倒的に効率のよい本の買い方と読み方

グーグル検索だけでは調べきれないことが出てきたときは、必ず大きな本屋に行って、目についた本を全部買うと決めています。これはぼくの実家の教えの1つで、「本はメートルで買え」と言われていました。1冊1冊ちまちま選ぶのではなく、本屋の棚の「ここからここまで全部買え」というわけです。

本が高いといっても、たかだか2000円くらいです。その中のたった1行が人生を変えてくれることだってあるわけで、そう考えると、ずいぶん安い投資です。

買ってきた本は、一字一句精読するわけではなく、**パラパラページをめくりながら、1冊あたり3~5分くらいでとりあえず最後まで読みます。**

そんなスピードで何をしているかというと、自分が知りたいキーワードを先に押さえておけば、そのキーワードを含む文字列が勝手に目に飛びこんでくるので、それを

\# 1冊3分だからできる読書法
\# 情報収集
\# 分析の8割は分類

目に焼き付けているわけです。たとえば、自分好みの異性が街中を歩いていたら、どんな人混みの中でも見分けられるという方は多いはずです。それと同じで、自分の知りたいことをあらかじめ頭の中に叩きこんでおけば、それに関する部分が自然と目に入ってきます。

もちろん、3~5分という時間はみなさんで自由に変更してください。ぼくは慣れているので、この時間でやっているというだけです。

その本からどんな情報を得たいか。ゴールがはっきりしないときは、先に目次に目を通します。その中には、自分が引っかかる注目ポイントがいくつかあるでしょうから（まったくなければ、その本を読む必要はないかもしれません）、それを強く意識して、本文をパラパラ見ていきます。最近のビジネス書は、ありがたいことに重要なところは太字になっていたり、まとめがついていたりするので、そうしたことも意識しておくと、読む時間をかなり短縮できるはずです。

1回通しで読んでみて、新たなキーワードが見つかったら、今度はそのキーワードを意識しながら、同じくらいの時間（3~5分）をかけてもう一度読み直します。この方法で集中して2回目を通せば、必要な情報はだいたいインプットできるはずです。

電子書籍でも、ページの端をトントントンとタップしていけば、どんどんページがめくれるので、手順としては同じです。また、キンドル端末なら、ポピュラーハイライトといって、他の人がマーカーを引いた部分を表示することができるので、そこを中心に読むこともできます。

さらに、電子書籍ならではの利用法として、「このページが気になる」と思ったら、どんどん**スクリーンショットを撮っておく**という方法もあります（ページを画像として認識するという意味では、「フォトリーディング」そのものです）。

電子書籍は不正コピー防止のために、テキストのコピーが原則できないようになっていますが、スクリーンショットで写った文字列は、エバーノートに入れておくと自動認識してくれるので、あとで検索することもできます。トントントンとページをめくって、パシャパシャとスクリーンショットを撮り、エバーノートに放りこんでそこで全文検索をかける、という使い方が便利です。

先ほども述べたように、本を1冊読んで、自分を救ってくれる新たなキーワードが1個見つかったら、それだけで十分元はとれます。だから、自分の関心に引っかかった本を買ってきて目を通し、新たなキーワードに巡り合えればＯＫだし、巡り合えなかったら、今回はご縁がなかったということで、その本を閉じてしまえばいいわけです。

本は、最初から最後まで読まないと（著者に）失礼だという人がいるかもしれませんが、もっとかわいそうなのは買われないことと、積ん読されることです。

また、多くの人が「本は読んだときに理解しなきゃいけないものだ」と思いこんでいますが、ただ気になる文章をスクリーンショットでパラパラと見ておくだけで、ある日突然、「あの文章はこういう意味だったのか！」とわかる瞬間が訪れたり、散歩の最中に「あれって実はこれと同じことだったのか！」と新しい結びつきに気づいたりするものです。

みなさんは「情報分析」と聞くと、つい「1つの情報を掘り下げて別の情報を抽出する状態」をイメージしがちですが、**実は「情報分析」という行為の8割は「分析」ではなく「分類」です。**つまり、自分が知っている過去の情報のどれかに当てはめるという行為です。なので、大量の情報をインプットして、分類のジャンルを増やしておくことが大切です。そうすれば、読んだ時点ではピンとこなくても、ふとした瞬間に新しい結びつきに気づく（＝理解できる）可能性が高いのです。

5

これからの仕事の原則は失敗を前提とした「DCPA」

自分からギブすることに加えて、ぼくが12回の転職を通じて身につけたインターネット時代にふさわしい働き方とは、頭でっかちになるよりも、**まず行動したほうがたいていい勝つ**ということです。あれこれ悩んでいるヒマがあったら、とにかく動いたほうが、結果的に速く正解にたどり着く。トライ&エラーで、失敗してもすぐにやり方を見直して、再度トライすればいいわけです。

少し前までは、プラン（計画）を立ててドゥ（実行）し、結果をチェック（検証）して次のアクション（改善）に結びつける「PDCA」サイクルを何度も回せば最適な答えが見つかるといわれていました。しかし、すでにこのアプローチは周回遅れになりつつあります。プランづくりに時間がかかりすぎるという致命的な問題があるからです。

PDCAからDCPAへ
トライ&エラー

ネット時代にふさわしいのは、とにかくどんどん実行してみて、あとから軌道修正をはかるＤＣＰＡです。より正確には、ＤＣ↓ＤＣ↓ＤＣ↓ＤＣ↓……とドゥとチェックを短期間で何度も繰り返して、とにかく答えを見つけること。求められているのは、できる限り速く（あるいは限られた期間内に）結果を出すことだからです。

これだけ変化が激しい時代になると、時間をかけてあれこれ調べ、詳細な検討を加えて緻密なプランをつくっているあいだに、当初の状況が変わってしまうリスクがあります。完璧だったはずの計画は、あっというまに陳腐化して、いざ実行しようというときには時代遅れになってしまうのです。

完璧な資料に詳細な分析、緻密な計画。頭のいい人ほどこうしたことに時間をかけ、細部までつくりこもうとしますが、実は、こうしたやり方は、短期間で結果を出すことの最大の障害となっています。

その一方、実行するためのハードルはどんどん下がっています。コンピュータの処理能力が向上し、データ分析の知見も普及したおかげで、簡単にテストが実施できるようになりました。たとえば、ウェブデザインひとつとっても、20パターンくらい用意して、実際に少数のユーザに向けてテストしてみたほうが、内部で議論を重ねるよりも手っ取り早く正解に近づけます。

ネットだけでなくリアルな商品でも同じです。3Dプリンタの登場でプロトタイプをつくるコストが劇的に下がったことも、実行のハードルを下げることにひと役買っています。

この傾向は、世界のインターネット化が進むほど、より顕著になるでしょう。あらゆることでドゥ（実行）のコストが下がるので、とりあえずどんどんやってみて、その結果をチェックしながら、軌道修正をはかっていくアプローチが主流になっていきます。

もちろん、いきなり実行すれば、失敗はつきものです。10回実行するうちの9回は失敗かもしれません。でも、失敗したらすぐに軌道修正すればいいだけの話です。**失敗してもいいという割り切りが、DCPAサイクルをうまく回すコツです。**

わずか1、2回しかチャレンジできなければ、失敗できないというプレッシャーが大きすぎて、慎重にならざるを得ません。準備にも時間がかかるし、それだけ苦労して、いざ実行してもうまくいかなかったら、その影響は甚大です。一方、あれこれ悩むくらいなら、まずやってしまおうという環境なら、小さく失敗することができます。実行する回数が多ければ、失敗しても大事には至らないのです。

働き方も同じです。

昔と比べていまは取り返しのつく世の中になっています。自分の人生を会社に預けていた時代には、会社での失敗は即、仕事人生の終わりを意味しましたが、いまはいくらでも逃げ道があります。

転職も独立も起業も、昔と比べたらずっと簡単になりましたし、副業やボランティアに精を出すこともできます。ネットで探せば同じ趣味の人とつながることもできます。自分の好きなことをとことん追求して、自分の世界に浸っていると、そこに希少価値が生じて、お金をもらえるようになるかもしれません。**人生を豊かに生きていくためのコストは、以前と比べて格段に安くなっている**のです。

一生同じ会社に勤めるのが当たり前だった時代には、「転職するなんてろくでもない人間だ」と言う人がいました。取り返しがつかないものについては、ミスをしたくないという気持ちがどうしても強くなるので、1回の決断が重くなります。そうなると、2回、3回と決断できない。ところが、転職が当たり前になってくると、「やるだけやって失敗しても、それが信頼の蓄積につながるから、次の機会、職場にチャレンジしよう」と思えるようになって、決断のハードルが下がります。取り返しがつくから、何度でも大胆なチャレンジができるのです。

依存心をなくせば冒険ができます。その結果、いまの職場にいたままでも、新しい変化を引き起こしやすくなるのです。

もし転職が失敗に終わって誰かに迷惑をかけたとしても、大胆なチャレンジを続けて自分が成長していけば、何年後になるかもしれませんが、いつかは恩返しができるようになるはずです。

1つ言えるのは、何度もトライできる時代だからこそ、みんなと同じゲームで戦うよりも、**みんなと違うゲームに行ったほうが、競争は少ない**ということです。

ぼくは12回転職したというだけで、こうして本を書いたり、テレビに出たりすることができますが、アメリカでは転職なんて当たり前です。でも、日本ではまだ希少価値が高い。ライバルがほとんどいないからこそ勝ちやすいのです。

6 「試行回数をどこまで上げられるか？」が勝負を分ける

失敗しても取り返しがつく世の中になってきたということは、裏を返せば、数多く失敗して、ＤＣＰＡサイクルをたくさん回した人のほうが、学びが多いということです。失敗の数だけ学びがあるとすれば、安定を重視して新しいことにチャレンジしない人は、自らの成長を放棄していることになります。

しかも、これだけ変化のスピードが上がった現代においては、１つのことだけをずっとやり続けること自体がリスクになります。

人生１００年時代の生き方を説いてベストセラーになった『LIFE SHIFT ライフ・シフト』でもいわれていますが、専門家ですら、１つのことを掘り下げるだけでは食べられなくなってきて、次々と新しい分野を掘り下げる「連続専門家」になる必要があるのです。

いまはそれでお金をもらえる専門技術であっても、いつまでもそれが続く保証はありません。むしろ、ネットを通じてあらゆる知識がシェアされる時代には、ある特定の専門技術もすぐに一部の人だけの占有物でなくなり、専門技術が専門技術でなくなるまでのスパンがどんどん短くなっています。そうなると、次の専門技術をどうやって見つけるのか。自分の価値がコモディティ化するのを避けたければ、新しい専門技術をどんどん身につけていくしかないわけです。

ずっと同じ会社にいるだけでは1つの矢（専門技術）しか磨けないとすると、第2の矢、第3の矢は、会社の外でいろいろと試して、磨いていくしかありません。転職するのも1つの手ですが、失敗しても影響が小さい副業やボランティアでまず試すというやり方もあります。この場合、副業やボランティアは、自分の幅を広げるポートフォリオという位置づけです。

どの矢が次の世の中で流行るかは、誰にもわかりません。**そうした不確実な状況では、ランダムに試行する回数を増やすしかありません。**いろいろ試してみれば、そのうちの1つくらいは当たるだろうということです。つまり、これからは「試行回数をどこまで上げられるか？」が勝負を分けるのです。

これは試行錯誤を重ねながら確率論的に最適解を見つける工学的なアプローチに通

DCPA
試行回数を増やす
確率論的な最適解

じるものがあります。

「確率論的に最適解を見つける」とは、たとえば、ある不規則な形の図形の面積を求めるとき、それぞれの曲線を関数の形で表現し、積分をとって計算するという一般的な方法ではなく、ランダムに打たれる点がその図形の内側にあるのか／外側にあるのかという確率を計算して、面積の近似値を求めるようなやり方です（この方法をモンテカルロ・シミュレーションといいます）。

唯一の正解を出すエレガントな解法ではないけれど、単純な計算をひたすら繰り返すだけで十分実用に耐える正解らしきものが得られる。しかも、コンピュータの処理速度が上がれば上がるほど、こちらのやり方のほうがコストもかからず、簡単に答えが出るようになります。

この「試行回数を上げる」という考え方は、仕事や働き方だけでなく、人生全般で役立つものだと思います。

たとえば、ぼくは女性にモテなかったのですが、どうしたら女性にモテるかわかりませんでした。そこで何をしたかというと、サルサダンスを始めました。ヨーロッパにおけるダンスというのは、もともと特定のパートナーと踊るものです。ところが、日本のダンス人口は圧倒的に女性が多くて男性は少数派。それでは男性の取り合いが起きてしまうので、1曲踊るごとに、次、次、次……とパートナーをかえる1曲交代という不思議な文化ができました。そのおかげで、こちらはひと晩で20人の女性と踊れるわけです。

そうやってたくさんの人と踊っていると、ネットの中で生きているぼくのような変わったキャラの人間でも、気に入ってくれる女性が一人くらいは現れます。それがいまのぼくの妻なわけです。妻と出会うまでに、200人くらいの女性と踊ったと思います（200人の先にぼくを選んでくれた妻に感謝です）。

これからの時代に、しかも不特定多数の誰かにとって、自分の何が強みになるかわからないのは当たり前です。わからないからこそランダムに、たくさんの人と踊るように、試行する回数を増やしてみるしかないわけです。

DCPA
試行回数を増やす
確率論的な最適解

7 リクルートが大事にした「OBゾーン」

先に行動ありきで何度も試行錯誤を重ねるDCPAサイクルも、コンピュータの処理能力をフル活用した確率論的なアプローチも、インターネットとても相性のよいやり方です。

それと対極にあるのが、プロダクトやサービスを通じて自分たちのこだわりや価値観を提案していく従来型のアプローチです。

この2つの違いは、そのままウェブメディアと紙の雑誌の違いに当てはまります。一長一短ありますが、どちらも必要というのがぼくの考えです。

リクルートではこの2つを「青いチカラ」と「赤いチカラ」と呼んでいました。「まずドゥしながら考えよう」というネット向きの戦い方が「青いチカラ」で、「いや、自分たちはここにこだわっていきたい」という価値観を前面に出した戦い方が「赤いチカラ」です。

ご存じのとおり、リクルートは「SUUMO（スーモ）」や「ゼクシィ」「リクナビ」などのメディア運営が事業の柱の1つです。

ぼくがリクルートにいた頃は、ちょうどメディアの主体が紙からネットに移行したタイミングでした。紙媒体は、プランの段階でかなり緻密につくりこむ必要があります。雑誌を刷ったあとに誤植があったり、ああしておけばよかったと思っても、刷り直すわけにはいかないからです。

ところが、ネット時代にそのやり方ではスピードが遅すぎます。あれこれ考えるひまがあったら、さっさとプロトタイプをつくってテストを繰り返す。ミスが簡単には取り消せない紙の雑誌と違って、インターネットの世界では、実地に試してみて、どんどん修正を加えていく最適化のアプローチが有効です。

また、インターネットには、紙の雑誌と違って表紙がありません。紙の雑誌だと、まず表紙を見てからページを開いて中身を見ていくことになるので、表紙や目次には編集者のこだわりが詰まっています。

一方、ネットでは、検索結果やフェイスブックを見てコンテンツにアクセスしてくるので、誰がどんな期待をもってやってくるかはコントロールできません。グーグル検索からやってくるのか、フェイスブックやツイッター経由でやってくるのか、ニュースアプリからやってくるのか、事後的にしかわからないわけです。

複数の経路に対して最適化しなければならないので、その意味でも、テストを繰り返して、確率論的に答えを見つけるアプローチのほうが効果は高いといえます。

しかし、だからといって、誰にどんな記事を届けるのか、最初に編集者のこだわりがないと、メディアとしての体《たい》をなしません。

ネットの世界は、SEO（検索エンジン最適化）対策をとり、短期間で「DCPAサイクル」をクルクル回せばたしかに数字はつくれるので、数字を上げれば勝ちのPV至上主義に陥ってしまう。

そこに一本筋が通っていないと、「数字さえ上がれば中身はどうでもいいのか」という批判が起こります。最悪の場合、DeNAのキュレーションメディアのように炎上して閉鎖に追いこまれてしまうかもしれません。

「出所不明のあやしい情報はアップしない」「一次情報への取材なしには記事化しない」「下ネタはやらない」のように、「ここまではやるけれど、ここからはやらない」という線引きができていないと、そうした過ちを繰り返すことになります。
この線引きを、リクルートではゴルフにたとえて「OBゾーン」と呼んでいました。自分たちにとってのフェアウェイをキープして、**たとえどんな誘惑があっても、OBゾーンには手を出さない。それによって自分たちの美学やこだわりが生じ、熱量も出て、共感を呼ぶわけです。**

紙媒体の経験が長かったリクルートには、「青いチカラ」であるネット時代のスピード感と確率論的アプローチをインストールする必要がありました。そのうえで、「青いチカラがベースにあるからこそ赤いチカラを引き出せる」と双方が高め合う関係をさぐっていきました。頭を切り替えてもらったのです。

しかし、デジタルネイティブのいまの若い人たちに必要なのは、むしろ「自分は何にこだわるのか」という「赤いチカラ」を意識することかもしれません。「これには手を出さない」というOBゾーンを先に決めておくと、それが倫理的な歯止めになる一方、**自分らしさが生まれて他との差別化要因ともなる**ので、ぜひ心がけてみてほしいと思います。

リクルート
「青いチカラ」と「赤いチカラ」
OB ゾーンが生む美学

「ここから先は手を出さない」「これは自分のやるべき仕事ではない」というOBゾーンは、自分の可能性を限定するものではありません。むしろ、「自分はこの道（ジャンル、スキル、能力）を究めたいから、それ以外のことには手を出さない」という決意につながります。やりたいことを決めるより、やらないことを決めておいたほうが、迷いは少なく、将来の可能性は狭まらないと思います。

8 マッキンゼーで教わったプロフェッショナルの条件

「はじめに」で、世の中がインターネット化した結果、これから仕事で活躍するには、プロフェッショナルになることが求められると述べました。では、どうすればプロフェッショナルになれるのでしょうか？　ぼくにそれを教えてくれたのは、マッキンゼー時代の師匠である横山禎徳《よしのり》さん（当時、マッキンゼー・アンド・カンパニーパートナー）でした。

ぼくの社会人生活は、マッキンゼーでのコンサルティングから始まりました。マッキンゼーでは、社会人1年目の新人であっても、クライアント（お客様）に1時間ウン万円という高額を請求します。お客様からすると、コンサルタントの存在はタクシーのメーターと同じで、目の前でカタンカタンと課金されていく。そうなると、コンサルタントはつねにその報酬を超える価値を返せているかという強いプレッシャーに

＃プロフェッショナルの条件
＃自分の名前で生きる勇気
＃マッキンゼー

さらされます。新人は客先で仕事をすることが多いので、より激しくプレッシャーがかかります。

なぜそんな高額の報酬が発生するのかといえば、コンサルタントはプロフェッショナルであると考えられているからです。

プロフェッショナルとは、すでにお伝えしたように、プロフェス（公言）する人、つまり公に誓いを立てる人というのが語源です。

プロフェッショナルという呼称は、もともと医師と法律家（弁護士や裁判官）と聖職者だけに認められていたものでした。医師や弁護士・裁判官、聖職者は人の生き死にを扱う職業で、神様の代理を果たすことになるため、倫理的に正しいことをおこなう必要がある。だから、仕事に就くにあたり、自分は職業倫理を守りますと誓いを立てていたのです。

医師の場合は「ヒポクラテスの誓い」という倫理規定が知られています。そして、やがてそれは、国家資格として国に対して誓いを立てることにつながっていきました。

現代のプロフェッショナルであるコンサルタントの仕事にも、クライアントの規模によっては何万人もの従業員の生活を左右するような重い責任があります。ところが、コンサルタントには「ヒポクラテスの誓い」に当たる倫理規定はありません。
だから、**「自分の中に自分で神をつくって、その神に対して宣言し続けることで、自分を律するしかない」**――横山さんは、ぼくら新人に、そう強く念を押したのです。

以来、ぼくは仕事上の自分ルールをいくつもつくり、それを死に物狂いで守ろうとしています。

「自分がいただいた給料の10倍以上の利益を返して、はじめてスタート地点」
「新しい職場では、まず誰もが手をつけたがらない汚れ仕事を黙々とやり、汚れを剥ぎ取ることで成果を出す」
「上の人には認められていないが、実は価値を出されている方々を見いだし、彼らの言葉を引き出して、上に通じるように彼らの価値を翻訳、接続する」

などなど。これは、マッキンゼー時代に叩きこまれたプロフェッショナルの考え方に根ざしているのです。

人間は放っておくとラクなほうに流れてしまう生き物です。自分で自分にルールを課して自ら厳しく律しておかないと、すぐに手を抜いてしまい、アウトプットの質を保てなくなる。だからこそ、自分で自分を縛るルールをつくる。それが結果として自

プロフェッショナルの条件
自分の名前で生きる勇気
マッキンゼー

分を救うことになるし、それによって仲間からも認められるのです。

さらにもう1つ、ぼくがいまの時代に合わせてプロフェッショナルの条件を付け加えるなら、**自分の名前で生きる勇気をもつ**、ということです。

会社に依存しすぎず自由になるということは、（実際に転職するかどうかにかかわらず）いまいる会社のブランドや肩書に頼って仕事ができる環境をどこかで手放し、自分の名前で生きていく覚悟をするということです。

自分の名前で生きていこうとすれば、自然と、「自分とは何者か」「何ができて、何ができないのか」をプロフェス（公言）することになります。その繰り返しが、自分で自分を律するプロフェッショナルへとつながるのです。

すでにネットでは、会社よりも個人の名前で活動している人が増えています。それがリアルな世界でも当たり前になってくるでしょう。そうした時代に会社の中に隠れ続け、個人の名前を出さない生き方をしているというのは、1つのリスクですらあるのです。

9 プロとしてやっていくなら、アカウンタビリティが必須になる

アカウンタビリティ（accountability）の重要性も、マッキンゼー時代に徹底的に叩きこまれたことの1つです。アカウンタビリティとは、「説明責任」を意味します。

医師や弁護士、会計士と違って、国家資格や免許もなければ、職業倫理規定もないコンサルタントは、自分で自分を律するだけでなく、**自分の仕事を自分の言葉でクライアントに説明できなければ成り立たない**、というのがぼくの考えです。

クライアントから受ける「なぜ君に大金を払わなければいけないのか？」というプレッシャーは、並大抵のものではありません。必ず期待以上の成果をあげて、お客様の驚愕を呼び起こさなければ、存在価値が認められず、次からは仕事をいただけません。とくに経験が浅い新米コンサルタントは、寝ても覚めてもそのことばかり考えるくらいのめりこまなければ、とても高い報酬に見合った価値を出せないのです。

#アカウンタビリティ
#目的合理性

逆にいうと、相手の目を見て、きちんと説明できるのであれば、**目的合理性のあることは何でもやるべきです。**

たとえばマッキンゼー時代のあるプロジェクトでは、クライアントのオフィスに長期間常駐していたのですが、出勤の際に、電車ではなくタクシーを使うのが基本になっていました（そうした交通費もクライアントの負担になります）。それが認められたのは、ぼくらが寝る間も惜しんで提案のクオリティを上げていることを、お客様もご存じだったからです。つまり、アカウンタビリティがしっかりしていれば、お客様が支払う費用も「コスト」ではなく必要な「投資」と認めていただけるはずだと思うのです。

ただし、アカウンタブルかどうかを決めるのは自分ではなく、あくまで受け手です。いくらこちらが説明したとしても、お客様に納得していただけなければ、アカウンタビリティを果たしたとは言えません。

ひと口にクライアントといっても、そこにはいろいろな社員の方々がいらっしゃいます。すべての方に、ぼくらのがんばりが見えているわけではありません。ですから、**アカウンタビリティの形も1つではなく、相手に合わせて変えていく必要があり**

ます。

たとえば先ほどのタクシーの例ですと、ぼくらの仕事ぶりを直接見ていないお客様には、外部のコンサルタントは胡散《うさん》臭い存在だと思われているかもしれません。そんなぼくらが、お客様のビルに直接タクシーで乗りつけたらどうでしょうか。

たまたま入口付近を通りかかった総務部の方に「外部のコンサルがタクシーで重役出社？　何様のつもりだ！」と思われてもしかたありません。そうすると、いざプロジェクトが実行段階に入って、総務の方にご協力をお願いすることになったとき、反発されるおそれもあります。

結論として、ぼくらは、お客様のビルのワンブロック手前でタクシーを降りて、「ダッシュするぞ」と言って、みんな汗だくになってビルに入るということもやりました。

なぜそこまでするかというと、結局、**アカウンタビリティというのは、相手の方次第で決まるから**です。自分の都合ではなく、受け取る人に合わせてストーリーをつくらないと、説明責任を果たしたことになりません。ワンブロック手前でタクシーを降り、汗だくでダッシュしてくる姿を見ていただくことで気持ちよく協力してくださるなら、喜んで走りましょうというのが、ぼくのやり方です。

このアカウンタビリティの考え方は、取引先相手だけでなく、社内の人相手であっても同様です。もちろん、アウトプットの質を高め、中身でしっかり貢献することが大前提です。そのうえで、上司・同僚に認めてもらうには、自分が会社にどんな利益をもたらしたか、相手にしっかりと伝わるやり方で伝えていく必要があるのです。

10 つねにROIを意識し、最小の時間で最大の効果を

プロフェッショナルとして、また組織に頼らない個人として活躍するときに、必ず意識していただきたいのが、ROI（Return on Investment）です。つまり、かけた投資（時間やお金）に対していくらリターンが得られるかという視点です。

伊賀泰代さんのベストセラー『生産性』（ダイヤモンド社）で有名になったように、マッキンゼーでは生産性を高めることをつねに求められますが、それを測るための簡易的な指標がROIです。

ROIというのは、成果報酬ではなく、固定給の会社員にはなかなか実感しにくい考え方かもしれません。バリューがあってもなくても、給料が変わらないからです。しかし、いくら時間や手間をかけても、結果としてバリューを生み出せなければ、その仕事の価値はゼロに等しい。つまり、まったく評価されないのです。

バリューを出しているか
ROI
生産性

バリューというのは、お客様から見て、費用対効果が最大になる状態です。**「バリューを出せ」というのがマッキンゼー時代の上司の口癖で、要するに「最小の時間で最大の効果を生み出せ」ということです。**

話をわかりやすくするために、単純な例を考えてみましょう。

マッキンゼーでは、新人のぼくとその上の上司では、時給換算で10倍以上の開きがあります。それだけの差があったとしても、ぼくが1日10時間以上悩み続けて出した結論と、上司が30分で出した結論が同じなら、自分でうんうん悩むよりも、上司に30分相談してとっとと結論を出したほうが、結果として安くあがります。

コンサルタントは、決して安くはない時給メーターが回り続けている中で、つねに最小の時間で最大の効果を生み出すことが求められているのです。

ぼくが新人のときによく言われたのは、「自分で全部やるよりも先輩の力を借りたほうが時間も短縮されるし、結果的にコストも安くなるということなら、ためらわずに聞きに行け」ということです。とくに、必要と判断したら、**早めにSOSを出すことが重要**です。経験がないから、できないのは当たり前です。しかし、できないことをギリギリまで言わないでいると、経験豊富なベテランでもカバーしきれません。

だから、何ができないのか、どこでつまずいているのかを早め早めに伝える必要があるのです。

もちろん、先輩からは「本当におれに聞く価値あるの？」「おれの時給、わかっているの？」と突っこまれるので、自分が「できること」と「できないこと」を分けて説明します。これは簡単そうに見えて、実はハードルが高い。やるべき仕事の全体がわかっていないと、足りない部分がわからないからです（全体をつかむ方法は、69ページで解説します）。

そのうえで、「ここまでは自力でできますが、ここから先を自分一人で埋めようとすると、自分で試行錯誤して、たぶん2日くらいかかります。なので、申しわけないですけど、15分だけ教えてください」というように質問します。先輩の貴重な時間をムダにしないために、手ぶらで質問しにいくわけにはいきません。必要なものは全部準備して、その資料を見せながらアドバイスを求めるのです。

要するに、**ROIを意識するということは、高いクオリティのアウトプットを出すために最適な組み合わせをつねに考えるということです。**

自分の給料がいくらなのか。自分一人ではやりきれないことを相手に頼むと、どれ

バリューを出しているか
ROI
生産性

だけ時間が短縮されて、最終的なコストはいくらになるのか。どんなときでも相場観をもって、最小のコストで最大の成果を出す組み合わせを考える。普段からそれを意識しておくと、どんな職場や仕事であっても、自分や周囲の人たちの時間をムダにすることなくバリューを出すことができます。結果的にコストが最小化して、お客様に喜ばれる仕事ができるのです。

モノやお金だけでなく、時間も貴重な資源です。まわりの人にそれを意識してもらうには、ムダに長い会議のコストを算出してみるのも1つの方法です。課長の給料、参加メンバーの給料をそれぞれ時給換算して、かかった時間をかけるだけです。ダラダラと続いた会議のコストがウン十万円になっていることは、決して珍しくありません。

相手の期待値をコントロールする

アカウンタブルかどうかは受け手が決める。あなたの評価を決めるのは、あなたではなく、あなたの仕事相手です。

相手が「これくらいの仕事はできるだろう」と想定していた水準を1％でも下回ったら、満足してもらえません。95％の出来でも、100点満点中95点だから「合格」と評価する人はあまりいません。90％でギリギリ及第点、80％を切るようだと、はっきり言って不満です。

言われたとおり、期待どおりの仕事ができて、ようやく100％。ここがスタートラインです。100％で収支はトントン、105％、110％と相手の期待を上回ってはじめて「次」のチャンスが巡ってきます。職を転々としているぼくの場合は、毎回120％くらいは返していかないと、「尾原に任せてよかった」とは思ってもらえません。そこで相手に評価してもらえなければ、次はないのです。

＃期待値のコントロール
＃エクスペクテーション・マネジメント

マッキンゼー時代によく言っていたのは、お客様がビックリしすぎて鼻血を出すくらい、すごいアウトプットを出そうということです。クライアントの期待をいい意味で裏切って、どこかでワッと驚かさないと、リピートしていただけません。事前の予想どおりだと、どんなに出来がよくてもバリューを出したことにならない、というのがぼくのいたチームの基本的な姿勢でした。

この考え方を推し進めると、転職などで職場が変わるときや、新しいクライアントと仕事をするときは、「○○ができます」「△△が得意です」と自分からアピールするよりも、いったん相手に値踏みをさせて、それをいい意味で裏切ったほうが、そのあとの仕事は断然やりやすくなることがわかります。つまり、お客様の期待値をコントロールするわけです。

ポイントは**相手の期待値を必要以上に上げすぎない**ことで、時には、あえて期待値を下げることも求められます。

営業トークで「あれもできます」「これもできます」と言っておきながら、あとから「やっぱりできませんでした」というのでは、事前の期待値が高かった分だけ、単なる失敗よりも相手が受け取る印象は悪くなってしまいます。

期待値のコントロールの重要性がわかりやすいのは、旅館のウェブサイトです。写真ではすごくゴージャスに見えたのに、実際に行ってみたら、予想外に古びていてしょぼかったら、幻滅して二度と来ないと思うでしょう。

そうではなく、ウェブサイトではお客様が来たくなるギリギリのエクスペクテーション（期待）を狙いつつ、実際に来ていただいたときに、ウェブサイトには出していないサプライズな演出をしたりすると、「もう一度来たい」と思っていただけるわけです。

何か特別に、お金をかけたことをする必要はありません。さりげないおもてなしとか、実は布団がふかふかで極上の寝心地だった、といったことでもよいのです。でもそれを表には出さず、サプライズ的に提供すれば、実際に来たお客様にとっては大きな喜びとなって印象に残るのです。

こうした考え方を、**エクスペクテーション・マネジメント（期待値管理）**と呼びます。

お客様の期待値と実際の体験の「落差」が大きいほど、驚きは大きく、満足度も高くなります。一方、事前に期待値が高まりすぎると、「落差」ができにくく、驚きや感動を生むのが難しくなります。かといって、期待値が低すぎると、そもそもお客様を惹きつけることができません。

だからこそ、期待値をある程度高めて相手の行動を引き出しつつ、それ以上は無理に上げず、逆にいったん落ち着かせる。その後の本番で、期待値をはるかに超えるサプライズを演出する。このように、タイミングを見計らって、エクスペクテーションを上手にコントロールする必要があるわけです。

自分の実力をアピールするときも、ストレートに実績を伝えるだけでなく、相手の期待をうまく引き出しつつ、最後にあっと言わせるようなサプライズがあると、より印象に残りやすくなるはずです。みなさんも自分なりに工夫してみてはいかがでしょうか。

12 仕事ではまず、全体像と制約条件、意思決定のプロセスを押さえる

マッキンゼーは、普通の会社だったら3年かけてやる計画を「半年で結果を出しましょう」「3カ月で会社全部を健康診断します」という会社なので、みんな納期に間に合わせるために死に物狂いで働きます。

単純に納期に間に合えばいいというわけではなく、ギリギリ最後までクオリティを高めようとするので、どうしても負荷がかかります。最終プレゼンの2日前に、「いままでの仮説よりもこっちのほうがいいね」となったら、平気で資料を全部つくり直したりするのです。

マッキンゼーにいると3倍成長すると言われていましたが、その理由は簡単で、同じ期間に3倍仕事をしているからです。

そうした文化の中で、自分がプロとして、どうすれば全体の足を引っ張らないでいられるか、生産性を高められるかを、つねに考えていました。

＃先に全体像をつかむ
＃ブランクチャート

一連の仕事の中で、どこからどこまでが自分の守備範囲なのか。最終的に出すアウトプットの中で自分が果たすべき役割は何なのか。あらかじめ、そうしたことをつかんでいないと、自分にできること、できないこともわからないし、ムダなことに労力をかけてしまうかもしれません。

それを避けるためにも、**ラフでもいいから先に全体像をつかむクセをつけておく**必要があります。ざっと見通しを立てるには、関連要素を「もれなくダブりなく」列挙するMECE《ミーシー》などのメソッドが役に立ちます。また、資料づくりでは「ブランクチャート」という絵コンテを先につくるやり方を、マッキンゼー時代に叩きこまれました。

ブランクチャートというのは、たとえば、プレゼンの資料を9枚でまとめるとすると、まず9分割して、1枚目は「市場課題」、2枚目は「情報課題」、3枚目は「チャンス課題」と、タイトルに書きこんでいきます。

4枚目でそこから見える「仮説」を提示し、5枚目で「仮説の検証方法」を説明したら、6枚目は実際の「アクション」です。

そして7枚目で「中期マイルストーン」を明示し、8枚目で「リスク」を予測して、最後の9枚目で「結論」を述べます。

こうして先に全体のストーリーをつくって、各ページの役割分担が決まったら、次にやるのは、各ページに入る「1行メッセージ」を考えることです。この「1行メッセージ」だけを見ていけばクライアントにこちらの提案に納得していただける。そういう全体像を先につくっておくのです。この時点では、「1行メッセージ」の下はブランク（空欄）でかまいません。

ここまで来てから、ようやく各ページの中身を吟味していきます。そのメッセージを伝えるのにいちばんふさわしいのは、フローチャートか、グラフか、マトリックスか。全体のバランスを見ながら、適宜配置していきます。

よくありがちなのは、市場というと、とりあえず円グラフをつくってシェアを表すというやり方です。これだと、チャートやグラフから見えるファクトしか出てきません。

順番が逆なのです。先にメッセージがあって、それを伝える手段の1つとしてチャートやグラフがある。全体像から入って各パートの役割を決めていくと、このパートだけメッセージが弱いとか、調査が甘いといったことがわかります。自分だけでは足

ブランクチャートのイメージ

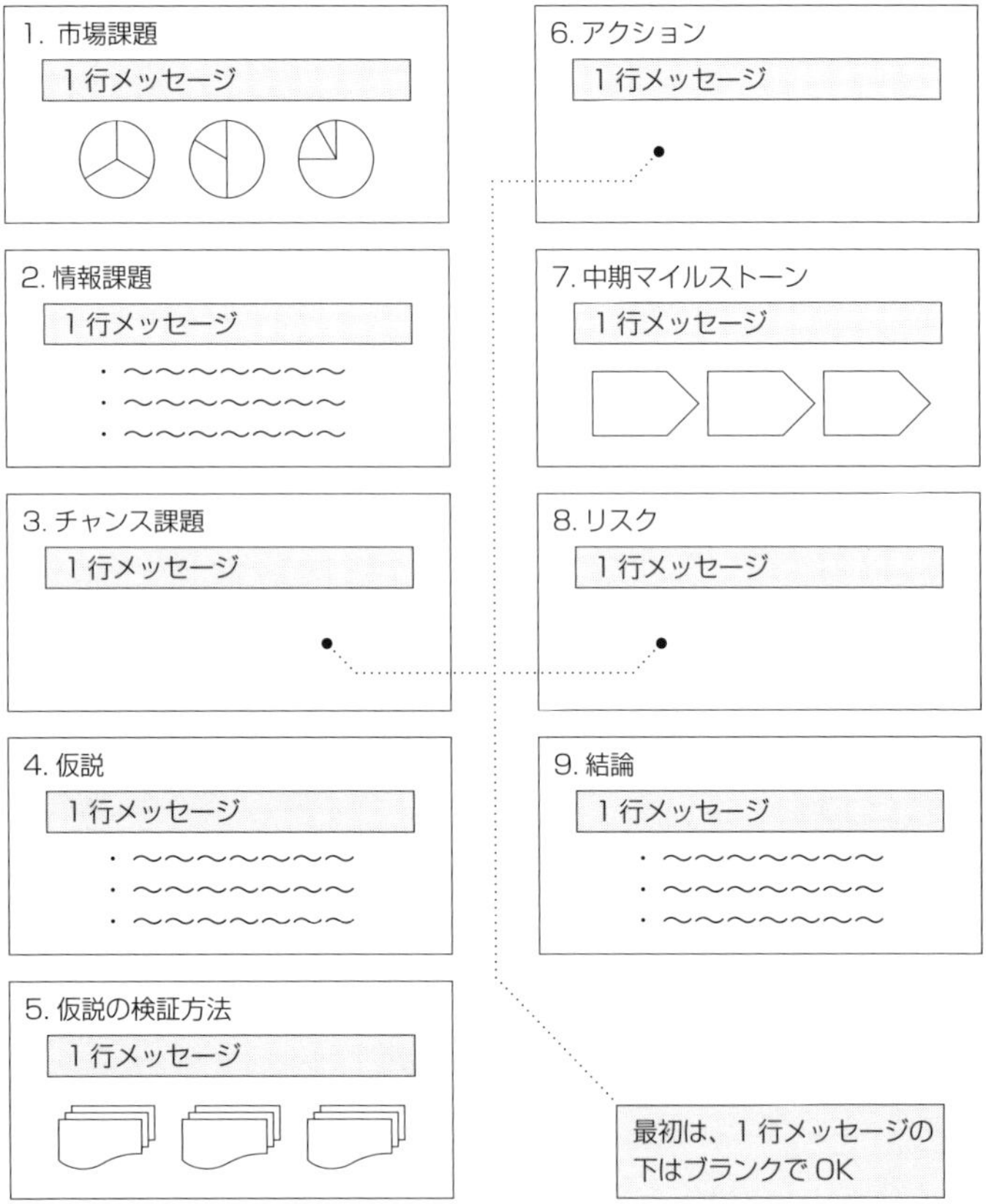

りないとわかれば、まわりの人に早めにSOSを出すことができます。それによって危機的な状況に陥ることを回避できるわけです。

取り返しがつかなくなる前に手を打つという意味では、**クライアントとしっかり、仕事の目的と制約条件を詰めておく**のも大事なステップの1つです。ここでいうクライアントとは、取引先に限らず、同じ社内でも、あなたのアウトプットを待っている人は全員含まれます。また、制約条件とは、自分たちではどうにもならない制限のことです（たとえばクライアントから設定された予算など）。

自分はクオリティを高めるためにあれこれ知恵を絞っていたのに、プロジェクトの終盤で、お客様から「品質よりもコストの最小化がいちばんの目的だったんだけど」と言われたら、それまでの努力が全部ムダになりかねません。なので、最初にお客様との間で何が目的で、何が制約条件なのかということをしっかり確認しておく必要があります。

また、どれだけ資料をつくりこんでも、最後になって、「このインタビューは使わないでほしい」「この数字はまずい。別の資料を用意してくれ」といった問題が発生することもあり得ます。

そうしたことが極力起きないよう、**成果物に落としこむ前に、どの時点で誰がどこをチェックするのか、意思決定のプロセスについても、クライアントとしっかりと詰めておく**わけです。たとえば、インタビューを終えた時点で、いったんお客様に見せて、誰と誰にOKをいただいてから資料づくりに入るなどと決めておけば、二度手間を避けることができます。

13

迷いをなくして、決断と行動を速くする方法

まず全体像をザッとつかみ、あらかじめ制約条件と意思決定のプロセスを押さえておくことで、やり直しなどのムダを排除して、スピーディに結果を出す。これが生産性を上げるための王道ですが、もう1つ、迅速に行動するためのコツがあります。それは、決断するときにやたらと迷わない、ということです。

プロフェッショナルにはアカウンタビリティ（説明責任）が求められますが、アカウンタブルかどうかは受け手が決める、と言いました。それは事実なのですが、ぼくが気づいたのは、**「自分に対してアカウンタブルであると迷いがなくなる」**ということです。自分に対してアカウンタブルであるというのは、なぜそれをするのか、その理由を自分自身で納得しているということです。

時間あたりの生産性を上げるには、行動そのもののスピードを上げるよりも、行動

#迷いをなくす方法
#アカウンタビリティ
#リーダーシップ

に移るまでの時間を短縮するほうが効果があります。思いついたら即行動、ができないのは、たいてい不安になって自分の中で対話を始めてしまうからです。「あれで本当によかったのかな?」「もっと別のやり方があったんじゃないかな?」とつい心の中で対話を始めてしまうと、次の一歩を踏み出すのが難しくなります。

もちろん、自分の行動を振り返ることは、自分自身の成長に不可欠ですが、だからといって、必要以上に思い悩んでしまうと、堂々巡りになってしまい、なかなか行動に移すことができません。迷いがなければ、スピーディにどんどん決断できるので、その分、行動も速くなります。

また、最初から納得ずくで行動していれば、あとから振り返ったときも、「やり方をもっと工夫すればよかった」という反省はあっても、「やったこと」そのものを悩むことはありません。自分自身に対しても、つねにアカウンタブルでいることで、余計な後悔をしなくて済むのです。

自分に対してアカウンタブルであることは、リーダーシップの向上にもつながります。

迷いがなくなると、即断即決でどんどん行動できるようになるので、まわりの人も自然とついてくるようになります。**多くの人たちは、自分で気づいているかどうかは別として、誰かに決めてほしいと思っています。**そのほうがラクだからです。なかには、何事も自分で決めないと気が済まない人もいますが、そういう人は少数派です。

迷いのない人を中心に、即断即決でどんどん実行していくチームができれば、短時間で質の高いアウトプットを出せるようになります。すぐに結果が出るから、チームの意欲が高まって、よりよいアウトプットを生み出すという好循環が生まれるのです。

#迷いをなくす方法
#アカウンタビリティ
#リーダーシップ

14 グーグルで重視される「ラショネール」

ぼくがグーグルで、「これは、マッキンゼーで教えられたアカウンタビリティそのものだ」と感じたのが、「ラショネール（rationale）」という考え方でした。グーグルでは「自分はなぜ、その行動をするのか」という合理的説明を「ラショネール」と呼んでいました。

何か新しいことを始めるときに、「なぜそれをするのか」を合理的に説明できれば「やってよし」というのがグーグルの文化です。なぜグーグルが世界初の革新的な取り組みを連発できるかというと、どんなに突飛なアイデアであっても、誰から提案されたことであっても、「ラショネール」さえそろっていれば進めようという文化があるからです。

「アメリカではこういう条件で実施しているが、日本では○○○が規制されている代わりに△△△がX％と普及しており、コストはY％高くなる。しかしその分、いったん利用を開始したあとの利用回数がZ％アメリカよりも多いと予測できるので、成功確率の高いシナリオが描ける。もちろん、失敗するリスクはあるが、その場合のセーフティネットはこういうふうに用意する」

こうしたことを数字やファクトを示しながら理詰めで説明していくと、「ラショネールが通っているね。やってOK」とゴーサインが出るわけです。

グーグルはグローバル企業で、バックグラウンドがバラバラな人たちの集まりですから、「あうんの呼吸」は通じません。だからこそ合理的な説明が必要で、逆にいうと、ラショネールさえしっかりできれば、見通しのきかない領域でも積極的に決断していきます。そのあたりの潔さが、何でも新しいことにチャレンジするグーグルらしさを生む要因の1つになっていると思います。

ちなみにグーグルには、世界中から集められるラショネールを蓄積し、検証する専門部隊があります。これまでの知見を集積することで、未知の冒険であってもかなりの精度で可視化できるようになるため、スピーディに英断できるのです。これもまたグーグルの強さです。

グーグル
ラショネール

グーグルでもどこでも、何かクールなことをやりたければ、誰も思いつかないようなラショネールを考えるのが秘訣です。世の中の人たちがやってはいけないと勝手に思いこんでいることのすきまを突くストリートスマート（192ページ）の考え方を、ラショネールで補強するのです。

みんながやってはいけないと思い、やろうともしないことを、別の角度から見ると、うまく説明できる。そういうラショネールを探り当てると、グーグルのチームのように、とびっきりの結果を出すことができるかもしれません。

15

「ハイパー性善説」がグーグルの強さの秘密の1つ

人を信じることから入る性善説と、人を疑うことから入る性悪説。人を疑う時間とコストを考えると、はじめから相手を信じてしまったほうが、圧倒的に速くアウトプットを出すことができます。

スピードが命のグーグルでは、人を疑うことさえコストととらえられています。相手の言っていることをいちいち疑って、確認を取っていたら、時間とコストがかかってしまって、スピーディな仕事はできません。だから、相手がグーグルの価値観を共有している限り、その人を信じることが前提となっています。これをぼくは「ハイパー性善説」と呼んでいます。

グーグルには日本企業とは比べものにならないくらい、人種や国籍、宗教など、多様なバックグラウンドをもつ人たちが集まっています。そんな環境で、相手の言うことを頭から疑いだしたらキリがありません。そこで、同じ「グーグリー(Googley)」

＃ハイパー性善説
＃グーグリー
＃信頼だけが変化に追いつける

という価値観をもつ相手なら、無条件で受け入れ、信用するところから始めるわけです。

「グーグリー」は、グーグルの社内でも、きちんと定義された言葉ではありません。人によって解釈は違いますが、ぼくは「自分本位でなく未来志向で、自分だけで囲いこまずに他人にギブできて、まわりの人たちを引っ張りながらもその人たちの個性を大事にする」――そんなグーグル流の価値観だととらえています。

人を疑うコストがゼロになれば、情報を伝達し、知識を交換するラリーの応酬が速くなります。「それって本当なの？」といちいち疑ってかかるよりも、「そうなんだ」と素直に受け入れ、「それならこんな人を知っているよ」「こんなサービスがあるよ」「これとくっつけてみるといいかも」と、トントントンと積み重ねていけば、いつのまにかおもしろいものができあがる。後ろ向きの質問より、相手の言っていることは正しいと受け入れてしまって、その上に質問をかぶせていくほうが、ラリーが速くなる。みんながハイパー性善説でお互いを信じていれば、どんどんアイデアが広がるし、腹の探り合いをしなくて済むから気分的にもラクなのです。

たとえば、グーグルのヴァイスプレジデント（VP）といえば、すごく忙しい人たちですが、「○○○という理由で相談があるので、1オン1（ミーティング）を入れてください」と頼んだ場合、○○○のところにラショネールがあれば、断る人はまずいません（まあ、忙しすぎてメールに返信がこないことも多々ありますが）。

そういう超絶忙しくてエラい人たちは定期的に数時間のオフィスアワーが設定されているので、15分単位で早い者勝ちで予定を埋めていけば、誰でも相談することができます。事前にアジェンダ（議題）を送らなくても、「何？」と気軽に聞いてくれるのです。

日本人は、相手を信頼するのがヘタです。どちらかというと、自分が苦労して得た知識やノウハウは自分だけのものとして隠しておきたいという人が多いようです。壁をつくって、その中に囲いこむのです。

ぼくは信頼すると決めた人には基本的に壁をつくりません。相手が何かを言ったら、それを素直に受け入れ、それについて知っていることを、無条件にギブします。こちらが壁をつくらなければ、相手も心を開いて、打ち解けてくれます。知識というのは、ギブすればギブするほど増えるものだし、コピーしたからといって減るものではありません。だから、ギブしたほうが得というのが、ぼくのスタンスです。

＃ハイパー性善説
＃グーグリー
＃信頼だけが変化に追いつける

「信頼」という熟語を分解すると「信じて頼る」になります。**先に「頼る」のではなく、「信じる」のです。**

もしかしたら裏切られるかもしれないけれど、それを心配するあまり思考が止まってしまうくらいなら、まず信じてみる。自分が心を開いて相手を「信頼」すれば、相手からも「信頼」が返ってきます。なかには意地の悪い人がいるかもしれませんが、たいていの人は、心を開いて本音で返してくれるはずです。

たまに裏切られることがあっても、毎回疑ってかかるよりは、その分の時間とコストをカットして、よりよいものをスピーディに生み出すほうがずっといい。ぼくはそう思っています。

16 プロとしての成長と、人を動かす熱量は、「自分事化」から生まれる

リクルートは、マッキンゼーやグーグルとは違ったノリの会社です。リクルートに入っていちばんすごいと思ったのは、圧倒的な当事者意識、言いかえると「自分事化する力」です。

もちろん仕事ですから、8割くらいは上からの指示で動くわけですが、そういうときでも、「で、君はどうしたいの？」「君はその仕事の中で、何を自分事としてやるの？」「何を解決したいの？」と、頻繁に問われます。

そうした文化は、リクルートの創業者・江副《えぞえ》浩正さんがつくったかつての社訓**「自ら機会を創り出し、機会によって自らを変えよ」**という言葉に凝縮されています。

自分で機会を拾いに行って、そこで結果を出したり、チャレンジする姿勢を見せたりすることで、別のもっと大きな仕事、もっとチャレンジングな仕事が自分のところにやってくる。仕事を自分事化して、目的意識をもって取り組んでいると、それを見

#自分事化
#熱量

ていた人が別の人を紹介してくれる。そういうループができると、成長が加速します。「より大きな仕事がしたい」「もっと世の中の役に立ちたい」という欲求がある人にとっては成長こそがいちばんの報酬ですから、すばらしい好循環です。

リクルートでは、「どこどこの誰々」ではなく、「尾原はどう思う?」「尾原ならどうする?」ということをつねに突きつけられます。自分の所属するチームを代表した意見が求められているわけでも、社内の力学におけるポジショントークが期待されているわけでもなく、ぼく個人の意見が求められているのです。

それは、リクルートが社員であっても個人事業主の集まりのような組織であることと無関係ではないはずです。みんな自分の仕事に対する責任感もあるし、自分事化してコミットするから結果も出やすい。自分の能力や個性を伸ばすことにもつながります。その結果、「マーケティングの○○さん」でも「チームリーダーの○○さん」でもなく、ただの「○○さん」で通用するようになるのです。

社名や所属、肩書で呼ばれているうちは、どこでも通用するプロフェッショナルとはいえません。いまいる会社や部署、ポジションの看板を借りていることになるからです。そういったものを全部取り払って、「ああ、あの○○さんね」とすぐに思い出してもらえることこそ、会社とは切り離されたあなた自身の実力なのです。
ただの「○○さん」で話が通じるのは、お互いに相手の能力や人柄、こだわりを知っているからです。そうした人同士のつながりは、何物にも代えがたい財産です。

ちなみに、リクルートとマッキンゼーには、OBネットワークが強いという共通点があります。どれだけ年齢が離れていても、会社にいた時期が全然重なっていなくても、リクルートOB、元マッキンゼーというだけですぐに仲良くなれます。一瞬で打ち解けられる、同じ価値観、同じ志をもった仲間の存在は、むしろ会社を出てから役に立つことが多いかもしれません。

リクルートの自分事化というのは、別の言い方をすれば「熱量」です。自分が火の玉のように熱くなっているから、まわりの人にもその熱が移っていく。「世の中がこうなったら絶対楽しい！」「こんなふうに変えたほうがいいじゃん！」という思いが、まわりに伝播していきます。
わかりやすい例が「ホットペッパー」です。飲食店を中心とした無料クーポンマガジンのホットペッパーは、いまでこそ普及していますが、サービスの開始当初はまっ

自分事化
熱量

たく人気がありませんでした。そこに、後に『Hot Pepper ミラクル・ストーリー』（東洋経済新報社）という本を出すことになる平尾勇司さんというすごい方がやってきて、営業マンの報酬を売上連動型の成果報酬から、定額制の給料にするなどの改革をおこないます。

定額制になって、むしろ手取り額が安くなった人も多かったのですが、ホットペッパーの躍進はそこから始まります。何をしたかというと、「地元の人たちが地元を元気にする」というテーマのもと、町の飲食店に、その町の人が食べに行くような、みんなが笑顔でご飯を食べる社会のほうが明るくていいよね、というストーリーをつくりあげたのです。

営業マンからすると、世の中がよくなるストーリーがあって、そこに貢献している自分がいて、それによって自分もめちゃくちゃ成長できることになります。この3点セットによって、みんなが元気になったわけです。

成果報酬型の給料だと、営業マンは成果を独り占めするために、情報やノウハウを囲いこみます。自分のノウハウを人に渡したら、売上を奪われてしまうかもしれないからです。でも、「世の中を一緒に変えていこうぜ」というストーリーに乗っかれば、情報やノウハウをシェアした人のほうがエライことになります。この仕組みによって、見事に自分事化による熱量が伝播し、拡大していきました。そして、その過程で成長を遂げたメンバーの方々は、ホットペッパーを卒業したあと、より高い給料を喜んで払ってもらえる人材になったのです。

第3章で述べるように、今後はＡＩがますます進化し、人間の仕事を代替するようになっていきますが、そうした時代にあっても、熱量で人を動かすリクルート的なリーダーシップはなくなりません。「自分事化」は、成長を加速し、人を動かす原動力であり続けるはずです。

17 「ゼクシィ」のように純粋想起をとれば、仕事は向こうからやってくる

ＮＴＴドコモで「ｉモード」の開発チームの一員だったときの大きな学びは、ブランドについてです。当時は「バンドエイド戦略」と呼んでいましたが、室長の松永真理さんの指示で、ｉモードが該当する「ジャンルの言葉」をつくらないように、細心の注意を払っていました。

「ジャンルの言葉」をつくらないとは、「バンドエイド」に対する「絆創膏」という言葉をつくらないということです。

「バンドエイド」はジョンソン＆ジョンソンの登録商標であり、「絆創膏」というジャンルの一商品です。しかし多くの人はドラッグストアで、「絆創膏」ではなく「バンドエイドをください」と言ってしまう。そうすると、お店の人はほぼ確実に、他社の絆創膏ではなくジョンソン＆ジョンソンのバンドエイドを出してきます。バンドエ

イドが「絆創膏」というジャンルの代表になっているわけです。

iモードでもそれを目指したのです。そして、この作戦は見事に当たりました。iモードの成功を受けて、KDDIが「EZweb」、Jーフォン（現ソフトバンク）が「JーSky」という携帯電話のネットサービスを始めましたが、どちらも言葉としては定着しませんでした。長い間、「.iモード」は「.iモード」であって、「モバイルインターネット」といったジャンルの言葉で括られなかったのです。

そうすると、携帯ショップに来たお客様は「.iモードください」と言ってしまいます。ショップの店員が「お客様のもっている携帯電話はauですからEZwebですね。iモードはドコモです」と説明しても、「じゃあ、iモードにします」とお客様のほうから乗り換えてくれるわけです。

これを個人のキャリアに置き換えると、「A社の◯◯さん」でも「営業の◯◯さん」でも「T大出身の◯◯さん」でもなく、ただの「◯◯さん」のほうが圧倒的に強いということです。「A社の」「営業の」「T大出身の」というのはジャンルの言葉です。

ジャンルの言葉がついている時点で、他の人たちと比べられているのです。

\# ゼクシィ
\# バンドエイドになる
\# 純粋想起

ぼくの場合、「元マッキンゼーの尾原さん」「元リクルートの尾原さん」「元グーグルの尾原さん」「元楽天の尾原さん」と呼ばれることはほとんどなくて、たいてい、ただの「尾原さん」です。ぼくがいるとどんなことが起きるか、だいたいみんなわかっているので、いちいち説明しなくてもいいし、たとえば新規事業を立ち上げるときにぼくが必要だと思ったら、声をかけていただけるわけです。

リクルートの「ゼクシィ」も、ジャンルの言葉を上回るブランド力を誇ります。ゼクシィはかつて、グーグル検索数で「結婚」という言葉を上回ったこともあるのです。それくらい強力なブランドです。

結婚するには、結婚式の日取りや結婚式場、披露宴の料理、ドレス、引き出物、二次会の幹事、予算、誰を呼んで誰を呼ばないかなど、決めることがたくさんあります。ところが、「結婚」でググっても、次に何を決めればいいかわかりません。そこで「ゼクシィ」で検索すると、結婚にまつわるすべてを教えてくれます。しかも、自分に合った幸せな結婚式まで提案してくれるのです。

いまでも「ゼクシィ」は、結婚を検討しているカップルの96%が選択する雑誌です。つまり、「結婚」といえば「ゼクシィ」を思い浮かべる人が9割以上いるということです。こうした状態を**「純粋想起」**と言います。

「何々」と言ったら「〇〇さん」という純粋想起を取ることができれば、鬼に金棒です。似たようなシーンがあれば、すぐに思い出してもらえるからです。「この手の問題は尾原に聞け」という純粋想起ができていれば、こちらからアプローチしなくても、お客様から自動的にご指名がかかるのです。

純粋想起の最強の形は、検索のことを「ググる」と言うように、動詞になることです。リクルートの「とらばーゆ」という雑誌からは、女性が転職することを意味する「とらばーゆする」という動詞が生まれました。

個人で動詞になった例としては、ジャーナリストの津田大介（@tsuda）さんの「tsudaる」が有名です。ツイッターが流行り始めた頃に、津田さんがツイートによるカンファレンスのリアルタイム実況中継をしていて、そこから名前が付きました。当時は「ツイッター」と言えば「tsudaる」、「tsudaる」と言えば「津田大介」という純粋想起ができていました。その結果、彼は「ツイッターの第一人者」として、いろいろなメディアに呼ばれるようになったのです。

ゼクシィ
バンドエイドになる
純粋想起

18 人を動かし、人を育てる会議術

ぼくがリクルートに再度入社したのは、リクルートが新卒中心の純粋培養の文化から、ネットに対応するために中途の即戦力を大量に採用し始めた頃でした。ぼく自身も、マネジャーとして人をどうやって動かすか、組織の力をどう引き出すかという問題に直面していた時期で、当時の経験は大きな財産になっています。

ここでは、そのときの試行錯誤をベースに、他の職場での経験も加えて完成させた、ぼくなりの会議のノウハウをご紹介します。**会議は、うまくやれば組織の実行力を高めることもできるし、人材育成の場としても機能する、このうえなく貴重な場**なのです。

当時は、求人事業以外のリクルートの全事業のインターネットマーケティングを担当させていただいていたので、全部で80人くらいのメンバーが参加してマーケティングノウハウを集約する会議を実施していました。

非常に重要な場なので、どうすれば質を上げられるか、また効率よく運営できるのかをみんなで考えた結果、事務局のメンバーだけを集めて、**「事前会議」と「振り返り会議」**という2つのミーティングも併用するスタイルになりました。つまり、本番の会議をうまくやるために、前後に2つの会議をやって、3つ1セットで回していたわけです。

たとえば、本番の会議後の「振り返り会議」で、「今日、こういう議題が出たけど、次はこんなことを仕掛けたほうがいいよね」「こうしたほうがよかったよね」といったことをまとめておきます。そして次の本番の前の「事前会議」で、「前回決めておいた仕込みはできた?」「ここまでは今回取り上げて、ここからは次回に持ち越そう」といったことを確認するのです。

それぞれ10分もかからないミーティングでしたが、これをやるのとやらないのとでは、本番の進行具合が全然違ってきます。

また、本番の会議の最後に、参加したメンバー全員に感想を述べてもらう**チェックアウト**の時間を設けていました（途中から、レポートでの振り返りと宣言をメールで共有しあう形に変わっていきました)。「今日の会議でいちばんよかったこと」と「それを次にどう生かすか」をその場で全員に宣言させるわけです。なおかつ、その宣言のあとに、「どうすればもっと会議はよくなると思いますか?」と聞いて、改善案を出してもらいます。

この目的は、メンバーが会議を「自分事化」していくことにありました。いちばんよくないのは、事務局に任せきりで、受け身で会議に顔だけ出すようになってしまうことです。それではせっかくのミーティングが有効活用できません。

会議やミーティングの目的は情報共有と意思決定といわれています。しかし、いちばん大事なのは、**意思決定したことに対して、メンバーの「わたしがやります」というコミットメントを取ることです。**

みんなの前で「やります」と宣言してもらったら、それをみんなで「すごい!」とほめて拍手したり、場合によっては記念撮影をしたこともありました。こうすることで、お互いに逃げられないようにするのです。そのうえで、期限までにやっていなかったら逐次確認します。それによって、会議がただの顔合わせの場ではなく、組織の実行力を高める場として機能するようになるのです。

会議の裏の目的として大事なのは、**メンバーの育成**です。会議の中で、みんなが見ている前でコミットメントすれば、本人はどんなことがあってもそれを実現しようと努力します。それが本人の成長を加速させるのです。

また、ファシリテーションの上手な人のスキルを他のメンバーが盗めるという効果もあります。ただ見て終わりではなく、チェックアウトで気づきや学びを口に出させるのは、それを「自分事化」して意識させる効果も狙っています。

もう1つ、事務局は4人のメンバーで回していましたが、そのうちの2人は元から事務局にいたメンバー、残りの2人は新たなメンバーという組み合わせにしていました。そして、新メンバーには「3カ月後に君たちが中心になるから」とあらかじめ伝えておきます。そして後継者となってからは、「先代よりもいい会議をつくれ」とつねにプレッシャーをかけていたので、どうしたらもっと会議をよくできるか、毎回強い当事者意識をもって参加し続けたのです。

コンピュータとアルゴリズムに囲まれて育ったぼくは、何でも最適化しないと気が済まない性格です。だから、物事がどういうプロセスで進んでいて、そのプロセスを

#会議術
#会議の目的

どう改善すればよくなるかに興味があります。会議についても、「何を話し合うか」という「What」の部分だけではなく、「どういうふうに会議をするか」という「How」の部分に着目して、改善を繰り返してきました。

そして、個人的に大事な秘密を打ち明けると、当時の上司は、ぼくが同じことの繰り返しが苦手だと見抜いていて、継続することと任せることが得意な右腕をつけてくれました。アイデアを出したらすぐに飽きて興味を失いがちなぼくをおだて、お尻を叩いて、改善し続けることの楽しさを教えてくれたのは、右腕の彼女と他のメンバーの人たちでした。改善し続けること自体をみんなのアクティビティとして楽しむことができれば、決して同じことの繰り返しにはならないのです。

みなさんも、時間のムダと思っていた会議をハックすると、思わぬ発見があるはずです。

19 どんな会議も活性化させる3つの方法

続いて、会議の雰囲気や空気感をコントロールする方法です。退屈しがちな会議も、やり方次第でいくらでも活性化できます。ここでは3つの方法をご紹介します。

まず1つめは、**会議の人数を制限する**ことです。

発言のメンバーが固定してしまうなど、会議があまり盛り上がらないときは、人数を思い切って絞りこんでみるのも1つの手です。

会議もメンバーが増えてくると、自分が話している時間よりも他の人の発言を聞いている時間のほうが、どうしても長くなります。誰かがしゃべっているときは、基本的に話し手一人に対して他の全員が聞き手に回るので「1対n」の状態です。「1対n」の状態でコミットメントすれば、本人にはプレッシャーがかかって成長が加速するというメリットがありますが、「n」が大きくなればなるほど、メンバーの当事者

#会議術
#心理的安全性

意識が薄れていくというデメリットも生じてきます。

そのバランスがとれるのは、メンバーが5人まで。**5人までなら、みんなだいたい均等にしゃべってくれます。**しゃべらないで聞いているだけでは、場がもたないからです。大勢の前だと黙ってしまいがちな人でも、5人までの少人数グループの中なら、それほど緊張せずに自分の意見を口にできるはずです。それ以上の人数になると、どうしても一部の人だけに発言が偏ります。


では、もっと大勢の会議、たとえば25人のときはどうするか。

これはアクティブラーニングの羽根拓也さんに教えていただいた方法なのですが、5人ずつテーブルを分けて、それぞれ10分で結論を出してもらいます。次に、全員をシャッフルして、もう一度5人ずつのテーブルに分かれて10分で結論を出してもらうのです。この場合、5×5の後半戦のメンバーは全員違うテーブルから集めます。そこで、「前半の結論はこうなりました。ぼくはこう思います」と5人全員が発言してから議論を始めてもらえば、前半戦の結論を踏まえて、さらに議論を深めてもらうことができるのです。

これを、25人で一斉に議論しようとすると、発言するのはせいぜい5人くらい。残りの20人はずっと聞き役に回ることになります。これでは、マッシュアップの効果もあまり期待できません。5人ずつの少人数グループに分けたほうが圧倒的に効率がいいし、議論の幅も広がり、ずっと深い結論を出すことができます。

2つめのポイントは、**会議では「事」と「人」を切り分ける**ということです。これは、「誰が言っているのか」ではなく、「何を言っているのか」で判断する、ということでもあります。とくに日本人は、議論しているはずなのに「事」を語らず「人」で語ってしまうというミスを犯しがちです。

議論というのは1つの目標に向かって意見を出し合うもので、違う意見があるから盛り上がるし、結果として当初の自分の想定よりもずっとよいゴールにたどり着くこともあるわけです。ところが、日本人同士で議論していると、ついついお互いに相手の人格と向き合ってしまって、違う意見の人、自分の意見に反対する人は「敵」になってしまう。

自分と同じ意見かどうかと、相手を嫌いになるかどうかはまったく別の話です。違う意見の人と一緒に高みを目指すのが本来のあり方なのです。

会議術
心理的安全性

3つめは、**会議のメンバーにリラックスしてもらう**ことです。

多様な意見を引き出したければ、会議の参加者には、「自分の発言をきちんと聞いてもらえる」「意見に合理性があれば、きちんと採用してもらえる」と思ってもらう必要があります。

「そんなのダメだ」と頭ごなしに否定したり、「だいたいお前は……」とすぐに人格攻撃したりする人がいると、メンバーが委縮して発言が制限されてしまいます。そうなると会議の生産性はガタ落ちなので、要注意人物をうまくコントロールする必要があります。

ちょっとピントが外れたおバカな発言も、「そんな考えもあるよね！」とまずは受け入れる。こうした雰囲気からもたらされる参加者の安心感を、グーグルでは**「心理的安全性」**と呼んで重視しています。「心理的安全性」さえ確保されれば、普段あまり発言しないメンバーの口もだんだんなめらかになって、ポテンシャルを存分に発揮できるはずです。

20 人生をゲーム化できれば、メンタルは最強になる

第1章の最後に、ディフェンスの技術も1つお伝えしておきましょう。

この本に書かれたことを実践していると、どうしても社内で目立ちます。とくに頭の固いおじさんたちがたくさんいるような大企業では、「ITT系のチャラチャラした人間に感化されやがって」と文句を言うおじさんがきっと出てきます。

人が妬むのは、「自分にはできない」というあこがれの裏返しでもあります。なぜかやたらと金回りがよくて派手好きで女性にもモテる男が妬まれやすいのは、全部、男の願望の裏返しだからです。そこで、**「自分はみなさんとは違う欲望原理で生きている」**ということを、さりげなくアピールしておくと、社内でむやみに妬みを買うことはないはずです。

たとえば、ぼくは世界中を訪れていますが、たいていの方には、「あんな生き方し

人生をゲーム化する
評価軸をたくさんもつ

たくない」というレベルで激しく動き回っているので、ほとんど誰からも妬まれません。毎晩美女と高級レストランで食事をする写真を出していれば、妬まれるかもしれませんが、ぼくがアップするのは、各地で見つけたガジェットやへんてこなものばかり。だから、妬みの対象にならないのです。

そうはいっても嫌な人間、足を引っ張る人間はどこにでもいます。たまたま自分の上司がそういうタイプだったときは、どう対処したらいいでしょうか。

ぼくはゲームのラスボスは意地悪なくらい強いほうがおもしろいと思っています。嫌な上司や先輩がいても、すぐに攻略できてしまうとつまらない。自分の足を引っ張る相手が強ければ強いほど、ぼくは燃えるタイプです。強すぎるラスボスがぼくのことを好きになって、みんなで仲良く楽しめるようになるために、一生懸命裏技を探したり、何度もトライして攻略ルートを見つけること自体が楽しいわけです。そういう人は、ぼく以外にもたくさんいるはずです。

ところが、ゲーム画面から離れてリアルな人生になったとたん、ほとんどの人が正攻法でいきたがるのが、ぼくには不思議でしかたありません。

仕事はゲームと同じです。どんなに嫌いな上司でも、ゲームとして考え、その人に

「うん」と言わせるための方法をあれこれ考えて実践してみると、意外な弱点が見つかったりします。

相手の地位が高いほど、反対派の人数が多いほど、攻略の難易度は上がりますが、真正面からぶつかる必要は、必ずしもないのです。

ゲームとして楽しむ気になれば、自分に対する否定的な意見は、意外と気にならないものです。

しかも、ラスボス的な上司がいたとしても、2、3年のことがほとんどです。その人の下でずっと屈しなければいけないと勝手に思いこんでいるのは、自分だけかもしれません。どんな相手も、仕事上の関係であれば、期間限定のつきあいであり、ある意味で、タイムリミットのあるゲームなのです。

そもそも、たった1つの評価だけで、あなたの人生が決まるわけではありません。とくに経験の少ない若い人ほど、**いまの会社、目の前の上司の評価が絶対だと思ってしまいがちですが、会社を一歩出れば、そこにはまったく別の世界が広がっています。**

第2章で書くように、転職して会社が変われば、あなたの評価も変わります。そこまでいかなくても、いまの会社にいながら副業やボランティアをすることで、まったく別の評価を手に入れることができます。いまの上司とはソリが合わなくても、別の人からは、まったく違う評価を受ける可能性だってあります。

1つの評価に依存しないためには、評価軸をたくさんもつことです。直属の上司や職場の同僚、隣の部署のマネジャー、社内横断プロジェクトで関わったリーダー、取引先やお客様、社外勉強会で出会った異業種の人たち、転職先として考えている会社、ボランティアで参加した組織……。相手が違えば、あなたの評価も変わります。自分がどういうふうに見えるかは、実際に飛びこんでみればわかります。だったら、飛びこまない手はないのです。

そこまでわかったうえで、ラスボス的な上司と対峙するとしたら、どうするか。きっと、いままで以上に、ラスボス攻略のゲームを楽しむ余裕が出てくるはずです。

もし万が一、攻略に失敗したとしても、あなたの居場所がなくなるわけではありません。

だからこそ、いまのゲームに集中できるし、失敗を恐れず新しいことが試せる。それが1つの評価に依存しないということです。

コラム

どんな職場でも喜ばれる「3種類の議事録」

第1章の冒頭で、議事録を手早く、上手にまとめることが武器になるという話をしました。議事録は、会議に参加している人なら誰でも取ることができます。そして、ちょっとした工夫で価値を劇的に高めることができるので、会議室の片隅でボーッと座っているくらいなら、議事録を取ることをおすすめします。

議事録を取るメリットは何かというと、わからないことがあったら直接話を聞けること。議事録はみんなにシェアするという大義名分があるから、「ちょっとすみません。ここが聞き取れなかったので教えてもらえませんか?」と言えば、こちらがどんなに若くても、相手は答えてくれますし、これをうまく使うと、議長でもないのに、会議の方向性に積極的に関与することができるわけです。

ぼくが議事録を書くときは、パソコンでエバーノートを立ち上げて「3種類の議事録」を同時に書き分けています。

1つめは、「現場の視点」から見た「議事録本体」で（112ページ）、目の前で進行している会議でのポイントとなる発言を要領よくまとめていきます。リアルタイムでパソコンに入力しているので、各議題はある程度時系列に並んでいて、あとで議論の流れを振り返ることができます。

2つめは、「ディレクターの視点」から見た「会議の演出メモ」です（113ページ）。会議を裏側から仕切るディレクターになったつもりで、発言者の意図を深読みしたり、出席者の様子をチェックしたりして、自分なりの演出メモを書き出しておきます。

たとえば、誰かの講演を聞いていたときに、聴衆に向かって話していた登壇者がステップバックして、ボードに何かを書いたら、視線をそこに集めて注目させたいんだな、急にゆっくりと低い声で話すようになったら、ここが重要なメッセージなんだな、とわかります。いわゆる台本の「ト書き」のように、セリフ以外のアクション指示を自分なりに考えてメモしておくのです。
目の前で起きている会議の様子以外のメタ情報を記録するのは、他人に見せるためではありません。自分のスキルを高めるためです。一度聞いた他人の講演を全部自分で再現できることは、実はぼくの隠れた特技なのですが、それができるのは、メタ情報として演出プランをもっているからです。表に出たセリフだけを記録した議事録を見ても再現性はありませんが、演出メモが残っていれば、上手なプレゼンテーターやファシリテーターの行動を再現できる。ということは、自分のプレゼンやファシリテーションのスキルを高めることもできるわけです。

3つめは、「プロデューサーの視点」から見た「会議の開催要項」です（114ページ）。その会議は何のための会議なのか。その研修は何を身につけるためにおこなわれたのか。主催者側の立場で考えると、たぶん上司はこういう人を伸ばしたいんだろうな、もっと深掘りしていくと、もしかしたらこの人にこういうことを気づかせるために、わざわざ会議を開いたのかなということが見えてきます。それをザッとメモしておくのです。

通常の議事録に加えて、ディレクターの視点とプロデューサーの視点で自分用のメモ書きを残しておくと、自分でも上手にファシリテーションできるようになります。プロデューサー視点で「今回は○○さんのこういうところを伸ばしたいんだな」と思えば、ディレクター的に、あえて○○さんに発言を振ったり、その人をほめたりして、さりげなく気持ちをもち上げるといった高度なテクニックも使えます。普段からそういう鍛え方をしておくと、いざ、自分がファシリテーターやプレゼンテーターになったときも、あわてることなく対応できるのです。

会議の終わりには、必ず誰が（責任者）何を（アクション）いつまでに（締め切り）実行するのかをリストアップした「アクションアイテム」をまとめます。

会議を議論しただけで終わらせないためには、必ず次のアクションにつなげる必要がありますが、これができていない会社が意外と多いのです。決まったことを確実に実行し、責任の所在を明らかにするためにも、「誰が」「何を」「いつまでに」実行するのかという3点セットを会議のたびにリストアップして、全員でこれをシェアすれば、「すみません。やっていません」という言い訳は通用しなくなります。

目の前の現象をそのまま受け取るだけではなく、一歩離れたメタ思考ができるようになると、他人のよいところを上手にパクれるようになります。ディレクターの視点、プロデューサーの視点を取り入れて、仕切りのうまい人、プレゼン上手な人のワザをどんどん盗み、自分のものにしましょう。

議事録を書くテクニックが上達してくると、会議では出なかったビジュアル要素をその場で画像検索をかけて添付したり、その場で検索した動画やリンクを貼り付けておけるようになります。あとで資料をまとめるのではなく、その場で、質の高い議事録をまとめるスキルがあれば、どんな会社でも重宝がられるので、あなたも議事録づくりを突破口に、社内での自分のポジションを確立してみるとおもしろいと思います。

議事録本体（先方共有用）

■総括
ー総論は OK だが、各論にはすごい幅がある
ー実施に向けて○○の機能を足した方が効率がいいことを実験的に可視化する必要がある
　ー○○社での事例があるが、なぜここまで発展したか、
　　パッケージしてスケーラブルなのかは検証必要
ーマーケットは 10 年前のやり方がまだ通用しているところが多い
　→むしろ、これから伸びるプレイヤーにフォーカスした方がよい
■Action Items
ープロトタイピングのチーム結成（B さん　4/11 まで）
ープロトタイピングの予算計画（C さん　4/14 まで）
　→B さんと Y さんへの承認 Mtg を別途実施（4/15-17 で設定）
ー Out of Box に関しての可能性検討（B さん　4/11 まで）
■Next Meeting
仮置き：XX 月○日 17:00-@先方
ただし、Y さんの反応次第で変更可能性あり (B さん預かり）

> 総括は Producer 視点から、伝えても大丈夫な部分を選んでコピペします

□議事録詳細
1. 既存の古い事業者には
　基本メソッドをリパッケージして会員制にこだわらず普及する価値がある
　圧倒的に効果が高くて、誰でも展開できる
2. 新規については新しいシステムを開発し長期プランでやりきる

主流感のつくり方
ー新しいやり方は○○○だという認知をつくる
　→認知をつくってもそれを実施する企業がないとしょうがない
　→効率化によって市場規模が小さくなるとしても、新しい舟にのれば儲かる
　　ということを示すことで早く新しい舟にのる圧力をつくる
　→社会運動のつくり方
　https://www.ted.com/talks/derek_sivers_how_to_start_a_movement?language=ja

シナリオ：
ー最終的に、既存事業者は敵ではないから下の３つが混成していい
　0. 現状
　1. xxxxxxx
　2. ----------
　3. >>>>>>
　→2、3 が魅力的になれば、1 や 0 が押し寄せてくる
　　もし、上記プロセスに時間がかかるとすると 1 のプロセスはもうすこし分解してもいい

> ミーティングの終わりにアクションアイテムを確認して、すぐに送付します

Out of Box アプローチ（異次元に加速させるアイデア）
・東南アジアだったらいきなり３から始められる
　3の先には、3のスマホ化がある
・既存大手と組むとしたら XXX, YYY, ZZZ もありうる

Director 視点

先方リーダー A さん
・細かく各人の説明・行動を引用して
　関心をもっていることを示すのがうまい共感型

先方メンバー B さん
・基本的には A さんに追従するが実施方法のときには
　細かいうなづきや考え込む表情、こだわりある職人型
・考えこんだ表情をしめしたのは以下のとき
　ー○○
　ー△△
　　→今日の議論では本質ではないのであとでさりげなく確認する

新人 D さん
・シナリオづくりのところで明らかに脱落してた
・帰りの電車で彼の理解を確認して C さんとフォローオンする

（不在）オーナー Y さん
・かなりの気まぐれ屋、ビジュアル思考型か？
　　→Movie とかで共感をつくるのもいいかも
　　→別途 A さんと Y さんを
　　　　→飲みも必要？

会議中に気づいた
人の動きを
書き残しておきます

議事録本体、Director 視点、Producer 視点の
3 つの議事録を並行して作成します。
エバーノートで別ウィンドウにして切り替えながら書いていきます

Producer 視点 / Action Items

Producer 視点
ー総論は OK だが、各論にはすごい幅がある
ー実施に向けて○○の機能を足した方が効率がいいことを実験的に可視化する必要がある
　ー○○社での事例があるが、なぜここまで発展したか、パッケージして
　　スケーラブルなのかは検証必要
ーマーケットは 10 年前のやり方がまだ通用しているところが多い
　→むしろ、これから伸びるプレイヤーにフォーカスした方がよい
ープロジェクトオーナー Y さんが費用対効果を短期で見がちなところをどう調整するか？

この中からオープンにしても大丈夫な部分を選んで
「議事録本体」の総括としてまとめます。
多少ずれていてもこうやって
全員の視座をそろえていくことが大事

[Mtg 中]
Done：海外から始める、大型提携などの話をする
Done：既存事業者への配慮をきちんと示す

[直後]
・Y さん対応について A さんと話して打ち合わせを設定
　→飲みも必要そうなら早めにスケジュール
・実施にこだわりをもつように見える B さんが
　考えこんだ表情をしめしたのは以下のとき
　ー○○
　ー△△
　→今日の議論では本筋ではないのであとでさりげなく確認する

[事後]
・共感型の A さんがどうやってチームの和をつくろうとしてたかを
　B さんから C さんに質問してもらって OJT する
・D さんの理解度確認と構造化
　→帰りの電車で彼の理解度を確認して C さんとフォローオンする

打ち合わせでは共有しないが、自分ないし
はメンバーでおこなうアクションアイテム
（みなさん意外と忘れがちです）

第２章

人生100年時代の転職哲学

100歳まで生きる時代に、65歳で引退して、余生が35年もあるなんて、生きがい的にも経済的にもナンセンスです。健康でいるうちは、できるだけ長く働くことが大前提です。

人間の寿命はどんどん延びていますが、企業の寿命はどんどん短くなっているかもしれません。ほんの数年前まで栄華を誇っていた企業が時代の波に乗り遅れ、あるいは不祥事をきっかけに凋落するのが当たり前になっています。終身雇用もすでに名ばかりとなり、今後20年以内に人間の仕事の半分が人工知能やロボットに置きかわるといわれる時代に、一生同じ会社にいる人は、きっと激レアな存在になるでしょう。

働く期間は延びるのに、企業の入れ替わりが激しくなれば、大転職時代が到来します。転職するのが当たり前になれば、「どこでも誰とでも働ける」ことが、ますます重要になってきます。一足先に12回転職してきたぼくの、転職や副業についての考え方をみなさんに紹介したいと思います。

21 会社を辞めるつもりはなくても転職活動は毎年する

ぼくは、いまでも毎年転職活動をしています。正確には、転職するかどうかにかかわらず、ずっと転職サイトに登録して、外から見た自分の評価を更新し続けています。就職活動後に新卒入社して、そのままずっと同じ会社で働き続けると、会社の中での自分のポジションはわかっても、世の中から見た自分の評価は、就職活動をしていたときのまま更新されません。だから、少なくとも数年ごとに転職活動をしてみて、自分の価値を客観的に知っておくことに意味があるのです。

ところが、社歴が長い人ほど、「いまの会社を離れると、仕事がもらえなくなる」と思いこんでいる人が多いようです。何年にもわたって実績を積み重ねてきた人なら、たとえ1年くらい会社を離れて充電期間をおいたとしても、仕事を失うことはないと思いますが、自分で自分の実力を信じられないようなのです。

とくに転職経験のない人に、そうした傾向が見られます。いまの仕事に意識ががん

転職活動
会社と個人の関係
辞めなくても毎年転職活動

じがらめにされてしまって、「この仕事しかできない」と思いこむ。その結果、ブラック職場でストレスを抱えながらもがんばってしまうようなケースが出てくるのです。

自分に自信がもてないのは、自分の価値に気づいていないからです。**世の中から見た自分の価値を知るには、労働市場に身を置いてみるのがいちばんです。**つまり、最終的に転職するかどうかは別として、実際に転職活動をしてみれば、他社から見た自分の評価がわかります。

実際に面接までは至らなくても、毎年自分の履歴書や職務経歴書を更新して、リクナビやビズリーチなどの転職サイトに登録しておくだけでも意味があります。なかには、試しに別の名前で登録したら、自分の会社から自分の給料の倍のオファーをもらったという冗談みたいな話もあります。人手不足で条件をよくしないと採用できないという事情もあるでしょうが、自分の生け簀の中で育った人と世間の相場を使い分けている会社もあるのです。

しかし、世の中には「転職する気もないのに、転職活動をするのは、いまいる会社に対しても、面接を受ける会社に対しても失礼だ」「せっかく内定を出したのに断るのは社会人失格だ」と文句を言う人がいるかもしれません。でも、会社の側も、採用する場合もあれば落とす場合もあります。「最初から転職する気もないのに、面接を受けるのは問題だ」という理屈が成り立つには、「全員採用することはできないのに、面接を受けさせるのは問題だ」という理屈も成り立たないといけません。

現実には、普通の人は仕事人生の中で2、3回しか転職しません。一方、会社は毎年採用し続けていて、向こうが断るケースが圧倒的に多い。それだけ情報が不均衡なのだから、個人の側も自分なりのやり方で不均衡を正そうとするのは、むしろ当然です。日頃から、転職サイトで自分の価値を確認しておかないと、相手の言いなりになってしまう危険があるわけです。

誤解してほしくないのは、会社とそこで働くあなたは、会社が親で、あなたが子どもという親子関係ではないということです。**会社と個人はあくまで対等（フラット）で、お互いにメリットを提供し合う（シェア）関係なのです。**

10年後に会社が生き残っている保証はどこにもありません。それなのに、退職どころか、転職活動をしただけで「裏切り者」呼ばわりしたり、内定を蹴ったくらいで「人でなし」と文句を言ったりするのは間違っていると思います。

転職活動
会社と個人の関係
辞めなくても毎年転職活動

22 「いつでも辞められる」から最高のパフォーマンスを発揮できる

会社にしろ、お客様にしろ、取引先にしろ、1つだけに依存すると、人間は自由を失います。だから、いまいる会社、いま取引のある会社、いま取り組んでいるプロジェクトから一歩離れて、別のところで自分の客観的な価値を確認する。会社と適切な距離を保って、自分の立ち位置を俯瞰してみる。普段から意識してそういうことをしておけば、1つのことに縛られることなく、精神の自由を保てます。

ぼくが毎年転職活動をしているのは、現在の自分の市場価値を確認するためだけではありません。自分がこの先目指すべき分野、将来価値が高まりそうな分野を見極めるためでもあります。

相手の会社がこちらの能力をいくらで買いたいかを提示するのと同じように、こちらも会社が3年後に成長するかどうかを冷静に見極める。**お互いに相手の儲ける力をガチで評価して手を組むかどうかを決めるのが、転職活動という場**です。そうやって、自分が次に行くべき道を見極めていった結果が、あとから振り返ると、自分のキャリアパスになっているわけです。

1つの会社に長くい続けると、どうしても、いまの仕事が会社との取引にすぎないということが見えにくくなります。そこで、会社の外に出て、自分の価値をつねに確認しておくことが大事になってきます。いきなり転職するのはハードルが高いという人におすすめしているのが、**副業とボランティア活動**です。これについては、次の項目で説明します。

大事なのは、**会社という枠から一歩外に出たところで、自分にもこんな価値があるのだと実感すること**です。それに気づくと、会社に対する依存心がなくなります。「いまの会社を辞めたら仕事ができない」という思いこみもなくなるし、会社といい距離感で対等につきあうことができるのです。

「いつでも辞められる」と思えば、会社でも、周囲の顔色ばかりうかがうのではなく、自分の思ったことを大胆に主張できるようになります。

逆説的ですが、いまいる会社で最高のパフォーマンスを発揮するためには、「いざとなったらいつでも辞める」という覚悟が必要なのです。

会社にしがみついている人には、本気で会社を変えることはできません。いまの職場を変えられるのは、「辞める覚悟」をもって「辞めずに取り組む」人なのです。

23 自分のスキルを細分化して副業で稼ぐ

会社に依存して、会社の歯車にならないためには、会社以外でも、自分の居場所を確保することです。いざというとき、会社は守ってくれないので、副業やボランティアを通じて別の世界とつながっておくことは、保険にもなります。複数の評価軸をもっていれば、会社の言いなりになることも、能力を生かせず飼い殺しにあうこともありません。

しかし、「副業」と聞いて、とりあえずクラウドソーシングに登録しようと考える人は、きっとそこに並んでいる単価の安さにびっくりして、二の足を踏んでしまうのではないでしょうか。

これまでクラウドソーシングというと、どうしても単純作業か、プログラマー、デザイナー、イラストレーター、通訳といった特定の職業に偏りがちでした。しかし、

＃副業
＃スキルの細分化
＃自分がヒーローになれる場所

リモートワーク先進国のアメリカではもっと広がりがあって、離れて仕事をしている人たちを束ねるプロジェクトマネジャーや、何かトラブルが発生したときに先方と対応して調整する人が必要になっています。

これは、オフィス勤務のホワイトカラーが日々やっていることです。つまり、**ホワイトカラーの仕事もリモートワークの対象になってきている**のです。実際、ぼくはリモートで東京のカンファレンスやイベントにボランティアで参加して、プロジェクトマネジャー的な仕事をしています。それをアメリカでは、お金をとってリモートでやっているわけです。

つまり、自分がもっているスキルを全部お金に換えられる時代だし、そのスキルをリモートで提供できるかどうかを実地に試す場として副業やボランティアがあるという位置づけです。

その気になりさえすれば、誰でもボランティアに参加できる時代になってきているから、リモートボランティアとして、自分がもっているファシリテーション能力や、企画書をまとめる能力、営業能力が実際に役に立つかどうかを試す。それでいけるようなら、今度はお金をもらうリモートビジネスとして取り組む、といったステップが考えられます。

経団連は「推奨できない」として最後の抵抗を試みているようですが、日本も副業を認める方向に変わりつつあります。副業というと、昔は内職で手工芸品をつくったり、最近ではヤフオクでモノを売ったりというイメージですが、モノをつくったり、モノを売ったりするだけでなく、いまは自分がもっているスキルそのものが売れる時代に突入しています。

自分がすでにもっている**スキルを細分化して、そのうちいちばん高く売れるものだけを換金する**こともできます。

会社にいるときは、社内調整やコミュニケーションなどに時間がとられて、本来自分が得意なピンポイントの作業、たとえば見やすいグラフを作成したり、キャッチコピーを考えたり、議事録を取ったりすることだけに特化することはできなくても、副業やボランティアで試すときは、その部分だけを取り出して提供することができます。すでにもっているスキルですから、新たに習得するためのコストが発生するわけでもありません。

社内にいるだけでは見えてこない自分の市場価値を、外に出ることで体感する。自分がもっているスキルセットのうち、外で通用するのはどれで、逆に通用しないのは

＃副業
＃スキルの細分化
＃自分がヒーローになれる場所

どれなのかを見極める。そうすれば、あまりにも安い仕事はこちらからお断りすればいいし、なぜ自分にその金額の価値があるかを客観的に説明できるようになります。

ぼくが副業やボランティアをすすめるのは、**自分がヒーローになれる場所を見つける**ためです。自分が必要とされる場で、必要とされるスキルを使って貢献する快感をいったん味わうとクセになります。それがあなたの「ライフワーク」になる可能性もあるはずです。

24

ボランティア活動で自分のスキルの価値を知る

自分の価値を会社の外で確認するという意味で、最近注目されているのがボランティア活動です。いまは個人が自分の本業のスキルを生かしてボランティアで社会貢献をする「プロボノ」が盛んになっています。

プロボノプロジェクトに参加すると、自分がもっているスキルが「実は、こんなことにも役立つんだ」という発見につながります。だから、あえて転職活動をしなくても、社外でそういうプログラム型のボランティアコミュニティに参加するだけで、自分の価値を「見える化」できるのです。

ぼくは本業以外にも、ボランティアとしていくつものプロジェクトに関わっていますが、そのうち、オープンにできる「プロボノ」の好例を1つあげるなら、ＴＥＤになります。「広げる価値のあるアイデア」を、スピーチを通じて広く世界にシェアし

＃プロボノ
＃TED
＃地道こそが浮かばれる

ようというＴＥＤは、みなさんも一度くらいその動画を見たことがあるのではないでしょうか。

ぼくがＴＥＤに関わったのは、ＴＥＤの東京ローカル版コミュニティである「ＴＥＤｘＴｏｋｙｏ《テデックストーキョー》」を通じてです。２０１１年の東日本大震災のとき、原発事故の影響で外国人のスタッフの方々がみんな帰国してしまうという事態が発生して、友人から「尾原なら何か手助けできるんじゃない？」と声をかけられ、そのときから裏方の仕事を手伝っています。

ＴＥＤｘのスピーチ動画はＴＥＤ本体のウェブサイトにもアップされます。たとえば、サイモン・シネックの「Ｗｈｙ」「Ｈｏｗ」「Ｗｈａｔ」の3つからなるゴールデンサークルの話は、当時１００人くらいしか参加者がいない小さなＴＥＤｘで収録されましたが、あまりにおもしろいということで、いまでは３７００万回以上視聴されています（「サイモン・シネック」で検索すれば、すぐに日本語訳付きバージョンを見ることができます）。

ぼくがやっていたのは、参加者のキュレーション、つまりどういう人にＴＥＤｘに参加していただければいいかということと、パートナーシップ、要するに協賛していただける企業への声がけです。ぼくがこの2つを担当したのは、プロとしてビジネス開発をやっている関係で、もともと業界に知り合いが多いことと、事業の将来性やメリットを説明して、提携や出資、協力という仲間づくりをすることが得意だからです。

全員ボランティアですから、ボランティアの人たちが自ら進んでやりたくなるように、仕事を割り振る必要があります。協力してくれるプロフェッショナルの方々に、自分が得意な部分は積極的に手を挙げてもらって、それぞれ役割を分担しながら運営しています。

たとえば、エバーノートジャパンのマーケティングヘッドだった上野美香さんがTEDxTokyoの会場で広報窓口としてインタビューを受けたり、WIREDやCNETで記事を書いているフリージャーナリストの野々下裕子さんがメディアリレーションシップのリーダーをやったり、登壇者のスピーチの撮影もプロのカメラマンが担当したり……などなど。世の中のプロフェッショナルが集まって、ボランティアでTEDxTokyoを支えているわけです。

ぼくの場合は、たまたま人と人をつなぐことやビジネス開発が得意だったので、イベント運営の裏方が合っていましたが、**誰でも、自分が得意とするスキルを生かせる場は、探せばいくらでも見つかります。**

#プロボノ
#TED
#地道こそが浮かばれる

たとえば、エンジニアの方なら、社外勉強会の運営に手を挙げてみてはどうでしょうか。探せば、震災復興支援のボランティアプロジェクトなど、いくらでも自分のスキルを生かせる場が見つかるでしょう。思い切ってそういう現場に飛びこんでみると、実は裏方にすごい人が携わっていたりするので、そういう人たちとの出会いを通じて、自分自身も成長できるはずです。

プロボノがおもしろいのは、**自分が知らなかったやり方を間近で見ることができたり、外からではわからなかった他社の哲学や独自のノウハウを聞けたりする**からです。「え？　そんなやり方があったんだ！」という発見は、それ自体が貴重な経験です。それによって自分のやり方を見直したり、自社の仕組みの改善につなげたりすることができます。

会社にいるだけでは決して味わえないタイプの刺激なので、ぜひみなさんにも社外プロジェクトに参加していただきたいと思います。

25 社外で「すごい人」とつながって、認められる方法

イベントやプロジェクトを陰で支える裏方にスポットが当たることはあまりありませんが、実は、大きなイベントや成功したプロジェクトの裏には、多様なスキルをもった人が集まっています。なかにはビックリするくらい〝すごい人〟がいたりして、そうした出会いが社外プロジェクトに参加することの楽しみの1つです。

若い人は、自分にはスキルも経験もないから貢献できない、と気後れしてしまうかもしれませんが、逆です。**スキルも経験もないからこそ、現場に飛びこんで、〝すごい人〟のやり方を真似しながら、実地で学んでいくのです。**

多少の失敗にはめげずに、ひたむきに働いていれば、きっと誰かが見ています。「あいつは誰も拾わないゴミを拾う奴なんだ」と〝すごい人〟がどこかで言ってくれるだけで、あなたの評価はうなぎのぼりです。「あの人が言うんだから間違いない」とみんな思ってくれるからです。

#自己中心的利他
#レピュテーション

ぼくが知る中では、ＴＥＤｘの鈴木祐介さんは、まさにそうしたステップで成長されてきた方です。

ＴＥＤ本体は独立した法人（ＬＬＣ：有限責任法人）で、いわゆる非営利組織ではありません。ＴＥＤｘはそこから派生したコミュニティで、東京版ＴＥＤｘ、京都版ＴＥＤｘ、札幌版ＴＥＤｘ、あるいは東大版ＴＥＤｘなど、さまざまなカンファレンスが開催されています。ＴＥＤｘの運営は、完全にボランティアです。各都市のオーガナイザーの下にボランティアが集まって、非営利でイベントを運営しています。

鈴木さんは現在、それらを全部とりまとめて日本のＴＥＤｘをよくしていこうというボードメンバーの一人ですが、最初の役割はベルボーイでした。スポットライトの当たるステージは華やかですが、ベルボーイの彼は舞台を見ることもできません。裏方のいちばん光の当たらない部分を真面目にやっていたわけです。

すると、「あの人、すごく親切だったよ」と言ってくれる人がいたり、アンケートで「鈴木さんのおかげで気持ちよくしゃべれた」という声があったりして、みんなが彼のひたむきさを知ることになりました。その結果、「じゃあ、今度はボランティアのマネジメントをやってみよう」「次は全体のオペレーションをやってみて」というように、どんどん機会が増えていって、いまではTEDxの日本代表として、TED本体や各国のTEDxの人たちとやりとりするまでになっています。まさに、鈴木さんは**自ら現場に飛びこんでいき、機会をものにした**わけです。

TEDに限らず、イベントが話題になり、プロジェクトの規模が大きくなってくると、ボランティア志望の人がたくさん集まってきます。もちろん、そうした活動にはぜひトライしてほしいと思いますが、なかには、有名人に会えるからとか、履歴書に書けるからといった〝お客様気分〟で参加してくる人がいるのも事実です。せっかく〝すごい人〟の仕事ぶりを間近で見ることができ、自分をアピールするチャンスなのに、その生かし方を知らないのは実にもったいないないと思います。

多種多様なバックグラウンドをもつ人たちが集まり、目的を共有して、それに向かって自分が得意な部分をもち寄り、支えあいながら、みんなでゴールを目指す。誰かのためにしていることですが、それによって自分自身も大きく成長できるわけです。これをぼくは**「自己中心的利他」**と呼んでいます。

「利他」であっても、自分を犠牲にした「滅私奉公」ではありません。他人の成長を通じて、自分自身も勇気や元気をもらうことができます。なにより、普段だったら会

自己中心的利他
レピュテーション

えないような〝すごい人〟たちと同じチームで、同じ目的に向かって全力を尽くすことができ、自分自身も成長できます。だから、あくまで自己中心的な利他なのです。

支えるというのは、誰にでもできる行為です。一生懸命支えていれば、きっと誰かが見ています。自分でアピールすると自慢話にしか聞こえないことでも、誰かが「あれは、あいつががんばったんだよ」と言ってくれれば、そのほうがずっと信頼できます。

SNSによって他人の評価が可視化されるようになったいま、何も言わずに黙々と支えていれば、いつか誰かがそれをほめてくれます。社会のインターネット化が進めば進むほど、**他者からの評価がネット上に蓄積されて、その人のレピュテーション（評判）になるのです。**

26 転職を「目的」ではなく「手段」としても考える

会社に入る理由は大きく2つに分かれます。**「目的としての転職（就職）」と「手段としての転職（就職）」**です。その会社で働くこと自体が目的の転職と、自分のスキルや能力を高めて次のレベルに行くための手段として、（一時的に）その会社で働く必要があるという転職です。

ぼくがグーグルに入ったのは、英語をものにするためでした。つまり、苦手な英語で仕事をして、グローバル市場への切符を手に入れるための手段として、グーグルを選んだわけです。

当時は、2008年のリーマンショックで日本経済が深刻な打撃を受けた一方、中国やシンガポールなどのアジア諸国が急激に力をつけ、外国の投資が日本を素通りする「ジャパンパッシング」が現実になりつつありました。このまま日本にとじこもっ

目的としての転職、手段としての転職
ティーチ・フォー・アメリカ
事件翌日に転職する

ていると、世の中のいちばんおもしろいところを味わえない。そこで、あえて英語で仕事をしなければいけない環境に身を置いて、自分のスキルを高めようと思ったのです。

幸いなことに、グーグルには日本で異常に進化しているモバイルの事情にくわしい人が少なかったので、ぼくのモバイル事業立ち上げの経験を提供することで、英語のつたなさをカバーすることができました。

表向きの志望動機で「この会社で○○したい」というのは、たいてい「目的としての転職（就職）」で、それ自体は悪いことではありません。しかし、もっと個人的な動機からの、**「この会社で自分のスキルや知識、人脈、外向きの肩書を手に入れたい」という手段としての転職があってもいい**というのがぼくの考えです。

ぼくがいつも学生に話しているのは、アメリカの大卒の人気就職ランキングのトップテンにティーチ・フォー・アメリカ（TFA）というNPOが入っているということです。

TFAは、一流大学を卒業した若者を、英語をしゃべれる人がほとんどいないようなアメリカ国内の教育困難地域（貧困層エリア）に放りこんで、公立学校の先生をさせています。2年間で英語で教育できる環境をつくり、子どもたちの知的レベルを上げる。それだけの経験を積めば、世界中の誰と組んでも仕事ができるので、次に就職する先に困りません。

10年前なら、マッキンゼーに入社したら、それがエリートの証明となって、どこでも転職できると言われていましたが、いまはTFAがそうみなされているわけです。TFA出身者は、物事を諦めずに最後までやり抜く力（グリット）を間違いなくもっているし、尋常じゃないレベルのガッツがある。頭でっかちなエリートではなく、現実を見ながらやり方を変えるストリートスマートさもあわせもっている。2年間の経歴でそれが証明されるわけです。だから、トップクラスの学生たちがこぞってTFAに入りたがる。まさに手段としての就職です。

もう1つ、ぼくがよく例に出すのは、ある事件の影響で事業再生に追いやられることになった会社に、事件が起きた翌日に入社した友達のことです。

彼はファイナンスのプロを目指していました。ファイナンスのプロは結局、どれだけトラブルを経験して処理してきたかが実績になるので、あえて火中の栗を拾いに行ったわけです。事件後の入社だから身の潔白は証明されているし、社内は混乱していて優秀な人間から辞めていく状況です。そうすると、入ってきたばかりの人間でも重要な仕事を任せてもらえる。狙いが当たって、ゴリゴリ仕事をこなした彼は、いまでは事業再生のスペシャリスト、ターンアラウンドマネジャーとして活躍中で、年収は軽く5000万円を超えています。

この話のいいところは、「あの事件の翌日に入社した」という時点で、彼のブランドが立っている点です。手段としての転職という意識をもつだけで、「いま儲かっている会社」だけではなく、「いま苦境に陥っている会社」も選択肢に入ってきます。

あなたが学生なら、アルバイト先やインターン先は、自分では絶対に行かない業種・職種にあえて飛びこんでみるというのも有効です。

学生時代のぼくは、マクドナルドのマニュアルを見てみたいという理由だけで、マクドナルドでアルバイトをしていました。また、社会人になったら絶対にできないだろうと、震災復興現場に1カ月くらい居着いて、日雇い労働者をしていました。学生時代にしかできない経験を増やすという視点で仕事を選んでいたわけです。仮にトヨタに就職するにしても、最初から「車が好きで年中車のことばかり考えている」人よりも、車がこの先ライフラインの1つになると思えば、復興支援ボランティアや介護経験が生きてくるかもしれません。

失敗してもいくらでも取り返しがつく時代だから、転職に対するハードルは下がっています。何か1つのことをじっくり究めるよりも、まずはたくさん手を打ってみて、その中で最適化をはかったほうが、結果として正解に速くたどり着くというのは、仕事選びにも当てはまります。その意味でも、自分のキャリアを考えるうえで、「手段としての転職（就職）」という視点もぜひもってみてください。

目的としての転職、手段としての転職
ティーチ・フォー・アメリカ
事件翌日に転職する

27 異動・転職では、「業界」「職種」を交互にスライドさせてみる

社内で異動したり、別の会社に転職するときは、まったく同じ「業界」（異動の場合は事業部）、同じ「職種」の仕事に異動・転職するよりも、どちらか一方を横にスライドさせて、同じ業界（事業部）だけど別の職種、別の業界だけど同じ職種の仕事に就くと、自分の成長を加速させることができます。

たとえば、建築系で営業職をやっている人が、いきなり医療系の技術職に就くことは難しくても、医療系の営業職には行きやすい。エンジニアや営業、人事（HR）、広報（PR）、経理などの職種を一定にしながら、業界をスライドさせていくと、**自分のスキルを生かしてアウトプットしつつ、新しい業界の知識をインプットできます。**

また、同じ建築系の中で、営業職から企画職に転職することも「あり」です。同じ業界の中で、職種をスライドさせれば、**自分の業界知識を生かしてアウトプットし**

つつ、新しいスキルをインプットできます。

理想的なのは、この2つの転職を繰り返しながら、自分の知識とスキルを広げていくことです。たとえば、まず建築系の営業職から医療系の営業職へと転職し（職種一定）、次に医療系の営業職から医療系の企画職に転職し（業界一定）、さらに医療系の企画職からIT系の企画職へと転職をはかる（職種一定）……。

このように数年ごとにジグザグに異動・転職していけば、ずっと同じ職場にいるよりも、知識もスキルも格段に向上し、仕事の幅も広がるはずです。

そのとき、気をつけてほしいのは、仕事というのは自分だけで完結しているわけではなく、自分を雇ってくれる雇用主や、商品を買ってくれるお客様がいてはじめて成り立つということです。その人たちの期待をつねに上回ることが、次も自分を選んでいただける条件です。「これくらいの仕事はできるだろう」と想定していた水準を1%でも下回ったら、相手は満足してくれません。

異動や転職していった先で評価され、仕事を任せてもらうためには、第1章で紹介した仕事術、とくに「期待値のコントロール」（65ページ）が役に立つはずです。

28 大きい会社と小さい会社を交互に経験する方法もある

自分を成長させるための転職先の選び方には、先ほど述べた業界と職種を交互にスライドさせながら転職するパターンに加えて、もう1つ、大きな会社（業界大手）と小さな会社やベンチャーを交互に転職するというパターンもあります。**肩書や職位には、いったん上がるとなかなか下がらないという下方硬直性がある**ので、それをうまく利用した方法です。

まず比較的大きな会社で人的ネットワークをつくり、金額のそこそこ大きなプロジェクトを担当したあと、その経験をもって小さな会社に転職すると、たいてい肩書が上がります。小さな会社では、大きな会社がやりたがらないような新しいことに取り組み、成果を出します。すると今度は、その肩書のまま大きな会社に転職できるわけです。さらに、大きな会社の看板を使って、そこでしか得られない経験を積み、その経験をもって小さな会社に転職すれば、もっと肩書が上がるでしょう。ベンチャーなら執行役員くらいになれるかもしれません。

転職というのは、新しく入った会社に骨をうずめるつもりがないのであれば、次の転職へのステップに他なりません。転職先を戦略的に選んでいけば、ステップアップできる。この考え方は「手段としての転職」に通じます（135ページ）。自分で起業しなくても、戦略的に転職を繰り返せば、経営トップに近いところまでいくことも夢ではないのです。

何度も転職を繰り返すことをマイナスにとる人もいますが、もともと人材流動性の高いベンチャーに転職したり、プロボノ的にボランティアの運営に携わったりするときは、**「会社」に就職するというより、「プロジェクト」に就職する**と言ったほうがしっくりきます。そこにずっとい続けるのではなく、興味のあるプロジェクトに参加して自分のスキルや知識を提供し、プロジェクトが完了したら、そこで得たスキルと経験をもって次のプロジェクトに向かうイメージです。

たとえば、ブロックチェーンやＩｏＴに関する新規事業プロジェクトがあったとして、自分は海外の人と交渉できる能力をもっているから、それを提供してプロジェクトに貢献しつつ、そのプロジェクトで新しいテクノロジーに関する知見が得られるので、それを次の転職に生かすといった具合です。

自分がもっているものと、そのプロジェクトで得られるものの組み合わせを強く意識して次の職場を選ぶと、給料や働く場所、オフィス環境にこだわるのとはだいぶ違った会社が視野に入ってきます。とくにいまは転職サイトやボランティアの募集サイトが充実していて、求められるスキルと、そこで得られる知見が明示されているケースも多いので、プロジェクトベースの転職や、プロジェクトベースのボランティアワークがすごくやりやすくなっています。

もっと言えば、最初は友達の会社を手伝うだけでもいいわけです。実際、スタートアップは仲間が集まって立ち上げるケースがほとんどです。そこで、いきなり転職するのは難しくても、ボランティア感覚で手伝っているうちに、だんだん本物のビジネスっぽくなっていって、「これはモノになりそうだ」と確信できたら正式にジョインするという手もあります。

仕事選びで大事なのは、自分がそこから何が得られるか、それによってどれだけ成長できるか、という視点です。目先の給料にこだわるより、自分が伸ばしたいスキルを伸ばせる環境を選んで、成長スピードを上げるのに賭けたほうが、結果として、給料も上がるだろうし、仕事の幅も広がるだろうということです。

そのとき、「次の会社に一生お世話になる」という考えを捨てると、自分の成長のために転職を利用するという「攻めの転職」ができます。「(終身雇用の)会社」ではなく「(期間限定の)プロジェクト」に就職すると考えれば、「失敗したらもう終わりだ」と過度に自分を追いこむことなく、もっと気軽に、より明確な意図をもって職探しができるはずです。

いまは、1つの会社に一生勤められる人はかなりレアな存在です。どうせ会社を変わるなら、リストラされるまで待つのではなく、自ら主体的に仕事を選んで、自分の成長に役立てたほうがいいと思っています。

29 辞めた会社にもギブし続ける

転職のあとの、辞めた会社との関係についてもお話しさせてください。

ぼくは2回リクルートに転職して、2回とも辞めています。要するに出戻ったわけですが、どうしてそんなことができたのかというと、（リクルート側に出戻り歓迎の文化があったことはもちろんですが）辞めたあとも関係を断つことなく、定期的につきあいを続けていたからです。

ぼくは転職したあとも、ちょくちょく前の職場に顔を出して、「いま何やってるの？」「それをやってるなら、いい人紹介するよ」「それ、おもしろい！ ぼくも最近こういう仕事をしていて、やっぱり考えていることが似てるよな」といったやりとりをしています。そうやって、**辞めたあとも情報をギブし続けていれば、相手のためにもなるし、それが回り回って自分にも返ってくる**からです。

それは、先ほど紹介した「自己中心的利他」そのものです（133ページ）。辞めた会社の人たちは、一度は机を並べた仲ですから、問題意識がわかったうえでの話になるし、社内にはない別のやり方を提案すれば、実現の可能性も高くなります。有益な情報をちょくちょくもちこんでいると、「辞めたのに律儀なやつだ」「あいつはやっぱり役に立つ」という評価につながります。そうした評価が重なると、やがてウワサがウワサを呼んで、その人のレピュテーションとなっていくのです。

リクルートやマッキンゼーのようにOBネットワークの強い会社でなくても、辞めたあとの人間関係のアフターフォローは大切です。勤めていた会社とケンカ別れをしてしまうと、悪いウワサを流されないとも限りません。

しかも、いまはSNSを通じて、他者からの評価が「見える化」され、個人のレピュテーションがネット上にどんどん蓄積されていく時代なので、余計に辞めた会社との関係を良好なものに保っておく必要があります。ネット上で「仕事ができない」「約束を守らない」「平気でウソをつく」などのレッテルを貼られてしまうと、それを払拭するのは並大抵のことではありません。

同じことは会社側にも当てはまります。会社の評判も、ネットで検索すれば、一目

\# 辞めた会社にもギブし続ける
\# 自己中心的利他

瞭然の時代です。

だからこそ、「辞めた人間はもう二度とうちの敷居をまたぐな」という会社が少なくないのは、すごくもったいないことだと思っています。

すでに自社のやり方を知っていて、他社のやり方や知識を身につけてひと回り成長した人間が戻ってきたら、即戦力以上の働きが期待できると考えるほうが自然です。むしろ、わざわざ出戻ってきたということは、その会社のことが好きなだけでなく、さらによくしようと、外で学んだ新しいやり方、もっと効率的な仕組みをもち帰ってくれることが期待できるだけに、それを活用しない手はないはずです。

それだけではありません。出戻り組にもやさしい会社、という評判が立つだけでも、採用面でメリットがあるのではないでしょうか。

30 会社に「投資に値する人間だ」と思わせる

人口減少社会に突入した日本では、いよいよ人手不足が深刻化してきています。また、経年劣化で競争力を失いつつある大企業が、自社でも新しくイノベーションを起こそうと、クリエイティブな人材を中途採用しようという流れも同時に起きています。

働く個人としては、転職のハードルが下がるのは大歓迎ですが、企業としては喜んでばかりもいられません。どうすれば優秀な人材に辞めないでもらえるか、それを真剣に考えなければいけない時代になっているからです。

その影響もあって、いま日本では、企業向けのトレーニング市場がものすごく伸びています。

優秀な人をつなぎとめるためには、人材育成、人材研修にお金をかけて、社員の成長をサポートする姿勢を打ち出す必要があるからです。また、社内を変革するのに、

＃会社に投資させる
＃『ブランド人になれ！』

外からの人材を待っていられない、会社の「中の人」を変えなければ間に合わないという事情もあります。

こうした状況を、社員もおおいに利用すべきです。会社から「こいつは信頼できる」「投資のしがいのある人間だ」と評価されれば、会社が自分の成長に対して投資してくれるわけです。個人として生きる道を模索しながらも、**「会社がトレーニングにお金をかけてくれるなら、組織に残ったほうが得」**という考え方も当然成り立ちます。

そのためには、あなたの存在を会社がちゃんと認識してくれていることが大前提です。他の社員の中に紛れて「その他大勢」でくくられてしまう人に、会社はお金をかけようとは思いません。逆に、よその部署からご指名がかかるくらい個人のキャラが立っている人なら、会社も手放したくはないでしょう。社内でも、肩書なしの「○○さん」で通じるくらい自分自身をブランド化できれば、会社もあなたのさらなる成長に投資してくれるはずです。

そもそも、なぜぼくが研修やトレーニングにくわしいかというと、「ぼくを研修に参加させると、使い勝手のよい議事録が残る」ので、会社がお金を出して、いろいろな研修を経験させてくれたからです。

ぼくの議事録を見れば「この研修では、こんなことを教えていたのか」ということが手に取るようにわかるので、「じゃあ来年はもっと人数を増やしてみよう」「この研修はもういらないな」といった判断につながります。つまり、外部研修が役に立つかどうかをチェックする試金石のような役割を果たしていたわけです。会社にも明確なメリットがあるから、会社はぼくに投資して、その能力をさらに研ぎ澄ますチャンスを与えてくれたということです。

議事録に限らず、何らかの理由で、会社から「投資するに値する人間だ」「もっと成長させたほうがいい」と思われる人間になれば、会社のお金で成長させてもらえる可能性は格段に高まります。

外に出てスキルを磨くのも1つの手ですが、会社に残って会社のお金で成長を加速させる方法もあるわけです。

「自分は投資するに値する人間だ」と認めさせるために個人をブランド化するという考え方は、会社員にも有効です。少し古い本ですが、トム・ピーターズの『ブランド人になれ！』(CCCメディアハウス)には、会社員にも参考になるヒントが多く掲載されています。

＃会社に投資させる
＃『ブランド人になれ！』

31 「始まりの場所」にいる大切さ

ぼくは「業界の屯田兵《とんでんへい》」と呼ばれています。どういうことかというと、まだあまり人が足を踏み入れていない未開拓なところに喜んで飛んでいって、そのおもしろさを真っ先に体感して、みんなに「おいでおいで」と言うわけです。それで、他の人が興味をもってやってくると、自分は「もう飽きた」と次の未開拓な土地を目指す。それをずっとやり続けています。

なぜぼくがこうした屯田兵的な生き方を選んだのかといえば、「始まりの場所」にいる大切さが身にしみてわかっているからです。

自分の強みをつくったり、自分を成長させたりするときに、いちばん簡単なのは、何かが始まる場所にいることです。

たとえば、ＡＩ（人工知能）やＶＲ（仮想現実）の研究はずいぶん前から続いてきましたが、本格的なビジネス展開となると、これからです。いまこの世界に飛びこめば、まわりも素人に毛の生えたような人たちばかりですから、自分が第一人者になれる可能性が高いわけです。そういう「始まりの場所」にあえて飛びこむというのは、自分のキャリアを考えるうえで、ものすごく大事です。

もう何十年も続いているようなビジネスには、業界歴20年、30年のベテラン選手がたくさんいるので、その人たちに認められ、自分がその道のプロと名乗れるようになるまでに、10年以上の歳月が必要かもしれません。しかし、みんなが一斉にスタートラインに並ぶ「始まりの場所」では、1〜2年精力的に動き回るだけで、あなたは完全にその道のプロとして、業界内で一定のポジションを築くことができます。

人間の成長は「刺激×フィードバック」で決まるというのが、ぼくが人生で大事にしている方程式の1つです。同じ環境の中でいろいろ試してみて、そのやり方を自分なりに分析したり、他人からフィードバックをもらったりしながら成長するというのも、もちろんアリですが、従来とは違う環境に思い切って飛びこめば、新たな刺激を受けて一気に成長することができます。なかでも、いちばん手っ取り早いのは、業界がこれから大きく成長する「始まりの場所」にいることです。

たとえば、いまのモバイル業界のトップにいる人たちは、最初の頃にいた人たちがそのまま偉くなっているケースが大半です。マイクロソフトのビル・ゲイツも、アップルのスティーブ・ジョブズも、パソコンの黎明期からその場にいた人物です。

ぼくにとっての「iモード」は、まさにその「始まりの場所」でした。iモードはスマホ以前の携帯電話ではじめて本格的にインターネットに接続したNTTドコモのサービスです。

当時はまだ「1パケット＝128バイト」あたりの従量課金制で、メモリも2KB（1KBは1MBの1000分の1）しかなかったので、できることは限られていました。やりとりできるのはテキストデータとサイズの小さな目の粗い画像、それに単純な電子音くらい。逆に言うと、制御プロトコルから組み込みOS、その上に乗っているHTMLのプログラム、さらにそのサーバーの設定まで、ぼくはそのすべてにタッチすることができました。全部が小さいから、やる気さえあれば、一人で全部見ることもできるわけです。

ところが、いまモバイル業界に入ってきた人が「新しいサービスをつくれ」と言われたら、「どの部分をやるんですか？」と聞き返すでしょう。ソフトもハードも複雑になってしまったので、とても一人で全部を見ることはできません。それぞれ細分化された仕事を担当することになります。

「始まりの場所」にいることの大切さを、ぼくはよく風船にたとえます。業界がまだ小さいときや技術の黎明期は、全体のサイズが小さいから、風船の周囲をぐるりと一周することができます。関係者がみんな見える範囲にいるので、一緒に業界を盛り上げていく同志のようなつながりもできるし、360度どの方向を見ても、誰が何をやっているか、だいたいわかるという状況になりやすいのです。

ところが、ビジネスが順調に立ち上がり、風船がどんどん膨らんでくると、風船の裏側で誰が何をやっているかは見えないし、全部わかるようになりたいと思って一周回ろうとすると、それだけで1年かかります。

最初からそこにいる人は、風船が大きく膨らんでも、どこで何がおこなわれているか、だいたい全部わかったまま成長できます。これができるのは、最初からそこにいた人だけです。だから、ビル・ゲイツやスティーブ・ジョブズはずっと偉大なままでいられたのです。

「たまたまパソコンの『始まりの場所』にいただけじゃないか」と言う人がいるかも

しれませんが、いま、あなたがＡＩやＶＲの世界に飛びこめば、「たまたま」そこにいたことで、大きな成長を遂げることができるかもしれません。

ゲームのルールが変わってしまう現場に身を置けば、それだけ自分を成長させることができます。就職先や転職先を選ぶとき、古くからある伝統的な業界なのか、いまピークにある会社なのか、それともこれから先伸びそうな会社なのかによって、あなたの成長のスピードも違ってくるはずです。

いま世の中の真ん中にいる会社よりも、これから始まる周辺の会社にいたほうが得られるものは大きいのではないかと思います。

32

「始まりの場所」の見つけ方

では、「始まりの場所」はどのようにして見つければいいのでしょうか。

半年後に何が流行っているのかを予測するのは難しくても、5年後、10年後にどんな変化が起こるのかはある程度予測できます。

たとえば、MITメディアラボを立ち上げたニコラス・ネグロポンテは、1995年刊の『ビーイング・デジタル』（アスキー）の中で、「アトムからビットへ」のかけ声の下、さまざまなものがデジタル化されるとどんな未来が訪れるのかを述べていますが、ブロードバンド通信や放送と通信の融合など、20年後のいまから見ても、かなり的を射た予想をしていることがわかります。

もっとわかりやすい例では、『ドラえもん』に登場する道具の中には、すでに実現したと言ってよいものがいくつもあります。つまり、未来予想は人々の想像の範囲内にあるわけです。言いかえると、イノベーションと呼ばれるものの多くは、技術が人

\# 始まりの場所
\# メガトレンド
\# ハイプ・サイクル

間の想像力にようやく追いついただけのことなのかもしれません。

iPhoneによって携帯電話の概念を根本から変えてしまったスティーブ・ジョブズはたしかにすごいのですが、仮にアップルがiPhoneを出さなかったとしても、そう遠くない未来に別のスマートフォンが登場したはずです。「インターネットが見られる携帯端末」を追求していけば、少しでも画面を大きくするために物理キーボードではなくタッチパネルを採用するのは必然で、おサイフケータイはスマホ以前に実現していましたし、スマホでお金をやりとりするようになれば、そこに指紋認証や顔認証、声紋認証などの個人を識別するための仕組みが取りこまれるのも時間の問題だったはずです。

そう考えると、テクノロジーの動向をウオッチしていれば、だいたい何年後にこんなことが起きそうだという勘所がわかるようになります。

そのため、ぼくは毎年ＰｗＣやＫＰＭＧ、日本だと野村総研（ＮＲＩ）が発表しているメガトレンドの資料を読みこみつつ、世界中をめぐりながら、現状ではどうなっているかをていねいに観察しています。調査会社のガートナーがつくる「ハイプ・サイクル」も必見です。

先進テクノロジーのハイプ・サイクル(2017年)

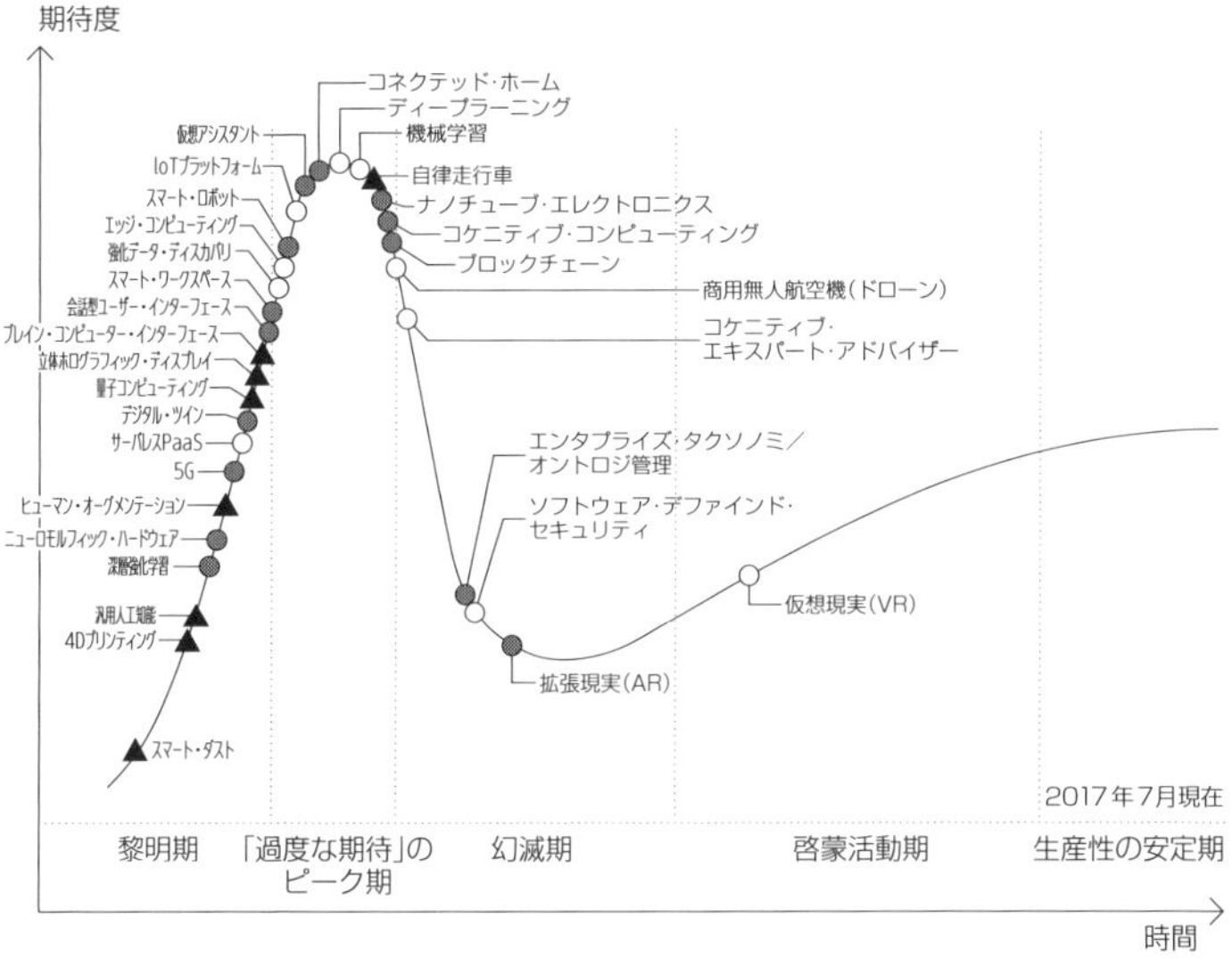

主流の採用までに要する年数

○ 2〜5年　● 5〜10年　▲ 10年以上

出典:ガートナー(2017年8月)

ハイプ・サイクルとは、テクノロジーとアプリケーションの
成熟度と採用率をグラフィカルに表示したもの。
新しいテクノロジーを、「黎明期」「過度な期待のピーク期」
「幻滅期」「啓蒙活動期」「生産の安定期」という
5つのフェーズに分類することで、その可能性を示している。
なお、「ハイプ(Hype)」は「誇大な宣伝」を意味している。

#始まりの場所
#メガトレンド
#ハイプ・サイクル

未来予測の資料を読むコツは、最新版を読むときに、1年前と3年前のものを同時にチェックすることです。そこで何が当たって、何が外れたのかを書き出します。すると、どの部分がボトルネックになって実現しなかったのか、課題は技術にあるのか、それとも法規制の問題なのか、国ごとの商習慣の違いが原因なのか、ユーザーの心理的ハードルを乗り越えられなかったのかが見えてきます。

経験を重ねていくと、世の中で発表される未来予測に対して、アメリカでは2年後に社会実装が始まるけれども、日本ではたぶん5、6年後だなと自分なりに補正できるようになってきます。

そういうことをしていると、このジャンルは3年後にはブームになって、5年後には世の中に普及するということがだんだん見えてくるので、そこから逆算して、自分がいまやるべきことを考えます。業界の屯田兵といっても、やみくもに飛び回っているわけではなくて、5年後、10年後の未来から見て、いまのぼくが見るべき技術、行くべき場所を選んでいるのです。

たとえば、ネットの世界で先に広まった確率論的最適化のアプローチが、いまは他の産業に染み出していて、それがバイオに応用されればランダムの中から腸内細菌の最適な組み合わせを探る技術が開発されるとか、シェアリングエコノミーで最適化がさらに進むと、あらゆるものがパーツに分解されて流動化していくので、自動車産業は解体され、モビリティ（移動）を提供するサービスへと再編されていくとか……そういった時間感覚を身につけておけば、いま自分がいるべき場所が見えてくるのです。

#始まりの場所
#メガトレンド
#ハイプ・サイクル

33

「始まりの場所」は社内にもある

「始まりの場所」に行くためには、必ず転職をしなければならないのかというと、そんなことはありません。もしあなたのいまの会社が既存の産業の歴史ある企業だとしても、**かなりの確率で、「始まりの場所」を社内で見つけることができる**はずです。

現在はドワンゴの取締役をされている栗田穣崇《しげたか》さんという方がいます。栗田さんは、NTTドコモに入社して2年目のとき、NTTドコモ初の社内公募制のプロジェクトであるiモードの開発に、自ら手を挙げて参加しました。

部長の榎啓一さんの下、リクルート出身の松永真理さんや、夏野剛さんらプロジェクトチームの中で、最年少メンバーだった栗田さんは大きな役割を果たします。ポケベル時代のハートマークをiモードにもちこんで、いまも使われる「絵文字」を開発したのです。

その後も、ドワンゴの川上量生さんやバンダイネットワークスの高橋豊志さんらとの出会いを通じて、ＩＴ業界で頭角を現していきます。また、２０１６年には、栗田さんが生み出した絵文字は、ニューヨーク近代美術館（ＭｏＭＡ）の永久収蔵品に加えられることになったのです。

若い人が最初は何もわからず新しいところに飛びこんだら、すごい人たちと出会い、アドバイスをもらいながら成長し、次の仕事へつながっていくというストーリーは、栗田さんだけのものではありません。自分の会社はベンチャーじゃないから、「始まりの場所」なんて経験できないと諦める前に、もう一度社内を見回してみてください。

世界最大手の部品メーカーであるボッシュが、「２０２０年までにすべての製品をネットにつなげる」と宣言するような時代です。既存のメーカーであっても、いまならＡＩ技術を自社に取りこむための開発チームや、ＩｏＴ（モノのインターネット）関連の社内プロジェクトがあるはずです。

そういうところに、どんどん手を挙げて参加してみましょう。まだ始まったばかりのプロジェクトですから、人材も流動的で、社内外の交流も盛んなはずです。そこで得たつながりを、自分の財産にしていけばいいのです。

34 「ライフワーク」と「ライスワーク」の振り子を意識する

ここまで、とくに「仕事」を分類せずに語ってきました。しかし、仕事といっても、食べるための仕事と、自分の生きがいとなるような仕事では、それに向かうモチベーションも違えば、そこから得られる充実感も、収入も違うでしょう。

前著の『モチベーション革命』（幻冬舎）でも述べたように、大事なのは、仕事とプライベートを切り分けた「ワークライフ・バランス」ではなく、**いかに人生の中で「ライフワーク（生きがいとしての仕事）」の割合を増やしていくかという「ライフワーク・バランス」の考え方**です。

「ライスワーク（食べるための仕事）」だけで食べていけないのであれば、自分の時間の何割を「ライスワーク（食べるための仕事）」に割いて、何割を「ライフワーク（生きがいとしての仕事）」のために使うのかというポートフォリオマネジメントが大事になってきます。

転職やキャリアを考える際も、まずは、お米を稼ぐための「ライスワーク」と、自分の人生を賭けた「ライフワーク」をはっきり分離しましょう。そのうえで、

・生きがいを求めて「ライフワーク」に専念するには、経済的な安定が不可欠なので、最初は「ライスワーク」に支えられながら、だんだん「ライフワーク」を増やしていく
・「ライフワーク」を本業にすると稼ぎが足りないから、それを「ライスワーク」で補塡する
・「ライスワーク」は本業で、「ライフワーク」は副業やボランティアで実現する

などのプランを考えます。

人生を賭ける「ライフワーク」は、それに取り組むだけの価値のある仕事ですから、アウトプットするまでに時間もかかるし、難易度も高くなりがちです。
そこで、「ライフワーク」に寄せすぎると稼ぎが減るから「ライスワーク」も2割くらい必要だとか、むしろいまはガンガン稼ぎたいから「ライフワーク」はほどほど

にして「ライスワーク」8割でいくとか、**ライフとライスのバランスを毎年変えていくようにしましょう。**

一度決めたら絶対にその割合を守らなければいけないということはまったくないので、その時々の状況に応じて振り子のように最適化していけばいいと思います。

経験値が高まって、「ライフワーク」の比率を高められるようになったら、チームをつくって日々の稼ぎのための「ライスワーク」は若い人たちにまかせ、自分はよりハードルの高い「ライフワーク」に特化するというやり方もあります。いまは会社組織を立ち上げなくても、ネットを通じていくらでもバーチャルチームがつくれるので、そのほうがいろいろな能力をもった人を集められるかもしれません。

えてして、お金がもらえることと、自分が得意なこと、自分が好きなことは違うものです。ですから、最初は「ライスワーク」からスタートします。そこから徐々に自分が好きなことの割合を増やしていくのです。

好きなことに費やす時間が増えてくると、今度はそれが得意になり、だんだんお金も得意で好きなことで稼げるようになっていくはずです。そしていつかは、生きがいを感じる「ライフワーク」が100%の生活を実現させましょう。

コラム

どこでも誰とでも働ける英語力

「どこでも誰とでも働ける」ためには、英語力は必須と考える人が多いでしょう。でも、シンガポール・バリ島と東京を拠点に、世界中を飛び回っているぼくの実感は違います。英語といっても「生活のための英語」と「仕事のための英語」の2つがあって、「生活のための英語」はもういりません。

たとえば、旅行に行ったときや日常生活の中で、「あれがほしい」「これをしたい」といったレベルの英語であれば、グーグル翻訳で十分です。

ぼくはウクライナなど、そもそも英語が話せない人が多い国にもよく行きますが、そんなときはスマホでグーグル翻訳を使って、日本語や英語と現地語をリアルタイムで翻訳しながらコミュニケーションをとっています。上海に行ったときも、街中ではほとんど英語は通じませんでした。中国のエリート層は英語が話せるイメージがあるかもしれませんが、いまだに3つ星のホ

英語力
グーグル翻訳で十分
市場で学ぶ

テルに泊まっても、少し英語で話しかけただけで、「この人には触っちゃいけない」という雰囲気になります。日本とあまり変わらないんですね（笑）。

でも、グーグル翻訳のアプリを立ち上げ、マイクのアイコンをタップして会話モードにしておいて、日本語で話しかければ、英語だろうが中国語だろうが、自動で翻訳してくれます。訳したテキストを相手に見せてもいいし、音声で聞かせることもできる。短い会話なら、わずかな遅れでどんどん訳してくれるので、いちいち会話が途切れることもありません。

レストランのメニューが読めないという心配も、グーグル翻訳が解決してくれます。カメラのアイコンをタップして画像入力モードにして、メニューの文字を読みこめば、英語（または現地の言葉）があったところに日本語で上書き表示されます。もちろん完璧な訳とまではいきませんが、料理の雰囲気はだいたいつかめるはずです。

２０１７年にはグーグルが発表したワイヤレスイヤホン「ピクセルバズ（Pixel Buds)」によって、ドラえもんの「ほんやくコンニャク」が現実になったと話題になりました。相手が話した言葉を自動翻訳した日本語が自分のイヤホンから聞こえ、自分が話した日本語が相手の言語に自動翻訳されて相手のイヤホンに届くようになっているので、あたかも同時通訳が実現したかのように見えるのです。

つまり、ちょっとしたお願いをしたり、ひと言質問するといったレベルなら、スマホがあれば十分なのです。テクノロジーはもう追いついているのに、みんなが気づいていないだけ。だから、どんどん使いましょう、ということです。

実際、日本のある地方都市で自宅をエアビーアンドビー（Airbnb）向けに開放して、外国人観光客から圧倒的に人気を集めているのは、英語も中国語も韓国語もしゃべれない、会話は全部グーグル翻訳というおばちゃんです。彼女の売りは、日本の普通の暮らしを体験できることと、一般的な家庭料理を食べられることです。レビューには、いろいろな国の言葉で「日本のお母さん、ありがとう」と書かれています。

ただし、生活のための英語はいらないと言っても、外国人と肩を並べて働くには、英語を話せたほうがいいのは言うまでもありません。そのレベルの英語を身につけたかったら、「市場《いちば》」で学ぶのがいちばんです。

英語力
グーグル翻訳で十分
市場で学ぶ

市場の人からすれば、なんとかお客様に自分の商品、たとえば時計を買わせたい。一方、ぼくは、こんなあやしげなお店で買うつもりはないけれども、どんな時計なのかには興味がある。そういう場面では、店主は一生懸命時計の説明をしてくれます。

相手の言葉がわからないから、「ごめん、それは何のことを言っているの?」と聞くと、「○○」という言葉は時計の「針」のことを指している、といったことがだんだんわかってきます。相手は時計を売りたいから、ぼくのつたない英語や中国語でも、がんばって、「お前の言っていることは、こういうことか?」と確認してくれます。

市場ではどちらも損をしたくないから、一生懸命に話して聞くので、いちばん手っ取り早く、生きた英語を学ぶことができるわけです。

さらに上級者を目指すなら、今度は自分が市場になることを考えましょう。先ほどのエアビーのおばちゃんのケースがまさにそれで、彼女は普段どおりの生活をしているだけです。にもかかわらず、相手がそれに興味をもって、いろいろ聞いてくれるわけです。その状態になれば、どんなにつたない英語でも、身振り手振りをまじえていろいろ説明しているうちに、「あなたが言っているみそ汁というのは、こういうスープのこと?」とか、「日本では水を煮立てて海藻だけで出汁をとるの?　そんなの見たことない」といったことを、向こうが自分なりに咀嚼して、正しい英語に言い直してくれるわけです。

つまり、「英語は市場で学べ」の最強バージョンは、自分が市場になることです。向こうが買いたいもの、知りたいことを相手の目の前でちらつかせることができれば、勝手に向こうがこちらのつたない英語を修正してくれるので、修正してくれた英語をそのまま覚えてしまえばいいわけです。

実際にぼくはグーグル時代にそうやって英語を学びました。ぼくは、グーグルの中で唯一「iモードがどうやって日本で普及したか」「非接触ICカード技術方式のフェリカ(FeliCa)がどうやってビジネスとして定着したか」を、テクノロジー(技術)とストラテジー(戦略)とマーケティングの3つの側面を重ねて語れる人間だったので、向こうから「教えてくれよ、尾原」「絵文字のドットって、尾原が打ったって聞いたんだけど」と来てくれる。

そうすると、ぼくがどんな下手な英語をしゃべっても、相手が全部直して

#英語力
#グーグル翻訳で十分
#市場で学ぶ

くれます。そういう状態をどうやってつくるか、です。

英語を身につけるというと、みんなは形から入るから、留学が必要だとか、オンライン英会話が便利とか言う人が多いのですが、そのやり方が絶対ではありません。

むしろ、英語を身につけたいと思ったら、向こうが知りたがることをどうやって見つけるか。そこを意識してがんばっていれば、おのずと自分が市場になり、向こうが自分のことを見つけて話しかけてきてくれます。

第3章

AI時代に通用する働き方のヒント

そう遠くない未来に、AI（人工知能）やロボットがたいていの仕事をやってくれるようになるでしょう。少なくとも、いまみなさんが「この部分のムダを排除したい」と考えている仕事の大半は、人間よりも機械がやったほうが速くて正確で、効率がいいはずです。そうした仕事をAIやロボットがやってくれるようになったあとに、人間に残される領域は何でしょうか？　そんな時代に、ぼくらはどうすれば、いま以上に人間らしく働き、生きられるようになるのでしょうか？

複数のネットベンチャーでの経験、とくにグーグルと楽天とを内側から比較することで、いくつか自分なりの方向性を見つけることができました。なるべく簡単に言えば、それはいままで以上に「自分」と向き合い、「人間」について考えることだと思っています。

ここでは、その一部をこれからの働き方のヒントとしてまとめました。1つの未来予測としても読んでいただければと思います。

35 楽天が教えてくれたAIに負けない働き方

ぼくがグーグルから楽天に移ったとき、多くの人から不思議がられ、その理由を尋ねられました。就職ランキングでもトップに位置する、IT業界の巨人からの転職だったからでしょう。

このときの転職には、明確な理由がありました。グーグルやアマゾンに代表される「アメリカ的」なものではない、「日本的」なインターネットの可能性、ひいては、AIの進化などによっても変わらない人間の本質について考えたかったのです。

そして、楽天にはたしかに、AI時代の人間の働き方のヒントがありました。

楽天が得意とするのは、グーグルやアマゾンのような「効率化」ではありません。グーグルはテクノロジーによって効率化を極限まで推し進める会社ですが、楽天が扱っているのは、効率化したいなら絶対に手を出さないようなたぐいの商品ばかりです。

#楽天
#"好き"を貫く

わかりやすい例として、生活必需品ではない嗜好品、つまりワインや楽器、ゴルフギアがあげられます。数字で見れば、リアルを含めて、日本市場に出回るワインの5本に1本は楽天が売っています。楽器は7本に1本、ゴルフギアも10本に1本は楽天で取引されているのです。

嗜好品は生活必需品よりもはるかに商品のバリエーションが多くなります。典型的なのがワインで、1本500円なのに高級なフランスのワインと同じくらい味わい深いチリワインもあれば、ボルドーの五大シャトーをブレンドして1本100万円、みたいな完全にイカれたワインもあります。それが全部、楽天で手に入るわけです。

これだけ違うものが同じモールで手に入るのは、楽天には4万人もの店長が出店していて、それぞれが**自分の〝好き〟をとことん突き詰めて商売にしている**からです。これは、デパートのように「何でも売っています」というお店ではできません。一人の店長がカバーできる範囲を超えているからです。

この4万店は、他のお店を見ながら、お互いに競争しています。「新大陸の1000円未満のお値打ちワインなら勝てる」と考える店も、「安いワインは他に任せて、1万円以上の超高級ワインで勝負しよう」という店もあります。そうやって互いに横を見ながら自分のお店をつくっていくので、結果的に大変な数の商品がそろうことになります。だから、ワイン好きからは、「楽天にいけばどんなワインでも手に入る！」と評価されるのです。

ここまでの品ぞろえは、効率を重視するアマゾンではできません。また、アマゾンは楽天の店長のように、何がいいワインかということも教えてくれません。要するに楽天は、**効率化の先にはない、「過剰」と「嗜好性」**の世界のプラットフォームとして、ナンバーワンの会社なのです。

ぼくがグーグルにいたときの話ですが、当時グーグルの幹部で、後にヤフーのCEOになったマリッサ・メイヤーが来日し、楽天にお連れしたことがあります。

楽天のお店は縦スクロールの思い入れたっぷりの商品説明に特徴があるので、あえてプリントアウトして、巻き物のようにして見せたら、マリッサ・メイヤーは「これはウィンドウショッピングなのね」と見事に言い当てました。つまり、**グーグル検索のように目的に一発でたどり着くことが必ずしもいいわけではなく、迷うことそのものがエンターテインメントになる**ということです。効率化とは真逆の発想です。

効率化は、属人的な要素を排除することを意味します。誰がやっても同じ結果になるように手順やマニュアルを整備し、バラバラだったやり方を1つの手順に集約するのが効率化です。あらかじめやることが決まっているなら、それをアルゴリズムに落としこみ、機械で代行させることができます。長い目で見れば、効率化できる仕事は人間の仕事ではなくなるのです。

逆に、楽天の店長のように、自分の〝好き〟を貫いて、他人と違うことをとことん追求すれば、それは「あなただけの個性」になります。それこそ、あなたがＡＩ以降の時代にすべき仕事なのです。

36 自分の〝好き〟の市場価値が問われるようになる

ぼくは効率化を否定しているわけではありません。

効率化の先に、ＡＩやロボットが人間に代わって仕事をするようになるというと、人間性が損なわれると感じる人が多いようですが、ぼくは逆だと思っています。テクノロジーが代替するのは、本来人間がやらなくてもいいようなルーティンワークです。毎日決まりきった作業を延々とやるような〝面倒くさい〟仕事は機械に任せて、空いた時間に、自分の好きなこと、やりたいことを掘り下げる。そうやって個性を磨いていくと、それ自体が仕事になる可能性が、いま以上に高いということです。

たとえば、教育がテクノロジーと出合うと、動画による学習サイト「カーン・アカデミー（Khan Academy）」ができます。創設者のサルマン・カーンは「ビデオによる教育の再発明」と題されたＴＥＤトークで、従来の学校の授業では、生徒は黙って先生の話を聞いているしかなかったが、動画なら自宅で自分のペースで勉強できる。動

＃"好き"の市場価値
＃カーン・アカデミー

画で予習してくれば、授業ではクラス全員でディスカッションしたり、生徒同士で教え合いながら問題を解くことができる。それこそ人間らしい学習方法だと述べています。

先生の仕事は、「この問題は○○さんがくわしいから聞いてごらん」と苦手な子の背中を押したり、得意な子には「○○さんが困っているから教えてくれる？」とうながしたり、議論の方向性がズレたときに軌道修正してあげること。つまり、生徒を勇気づけたり、仲をうまく取りもったり、この人みたいになりたいというモデルを提供したりするのは、人間の教師にしかできません。

逆に言うと、それ以外の部分をテクノロジーによって代替してあげれば、教師の負担が軽減され、一人ひとりの生徒と向き合う時間を捻出できるということです。これが「人間らしい教育」の本質です。

同じことを何度も繰り返したり、同じ場所に長時間座っていたり、誰かに何かをするように強制されたりすることは、本来、人間が得意なことではないし、やりたいことでもないはずです。自分の好きなこと、やりたいこと、得意なことを仕事にできれば、そのほうがずっと楽しいし、他人との違いも際立ちます。他人とは違う自分の〝好き〟を究めることで、それぞれの個性が花開き、多様性が広がるのです。

その意味で、楽天の店長たちのような仕事は最後まで残るでしょう。「自分はこれが大好きだから、多くの人に知ってほしい。そう思って商品説明を書いたら、巻き物みたいなホームページになってしまった！」というようなパッションは、どんな機械にも代替できません。

むしろ、AIやロボットが発達すれば、人間は「自分の〝好き〟をとことん突き詰める」ことだけをやればよくなるのです。


ただし、このときに重要なのは、「自分の〝好き〟を市場にさらして、価値を見極める」というステップです。「自分の〝好き〟をとことん突き詰める」ことが仕事になるのですから、**その〝好き〟が世の中に対してどれくらいの力をもつのか、見極める必要がある**のです。


市場にさらすとは、楽天のようなECサイトでものを売ることだけではありません。

たとえばAKB48も、タレントのキャラクターやとった戦略が市場にさらされ、その価値が投票結果で明らかにされる仕組みです。ユーチューバーもチャンネル登録者数や再生回数などで自分の立ち位置をつねに見直すことができます。仮想ライブ空間を通じて「エンタメで生きていく」を形にするSHOWROOMも同様でしょう。

文章であれば、たとえばニュースピックス（NewsPicks）での記事に対するコメント数を見れば、自分が書いたものの価値を毎回チェックすることができます。

市場にさらされれば、それがフィードバックになります。自分の〝好き〟に市場価値があるかどうか、リアル店舗だと結果が出るまでに時間がかかりますが、楽天のようなECサイトならフィードバックが圧倒的に速いので、他のお店と棲み分けができるようになるわけです。

だったら、（できればネット上で）積極的に人目にさらして、どんどんフィードバックをもらうほうが有利です。自分が好きなことなら、フィードバックをもらうことでやる気が出るし、その道のプロになれば、お金になる。それが世のため、人のためになるなら最高です。市場価値があって、〝好き〟をお金にかえることができれば、長続きします。好きで得意だけど儲けにつながらない「自分探し」とは、そこが大きく違うところです。

AIやロボットが、人間の苦手な部分を代行してくれる時代だからこそ、これからはこうした生き方をする人が多くなると思います。

37 生き残りのヒントは「三木谷曲線」にある

「自分の〝好き〟をとことん突き詰める」ことが仕事になる。そんな時代を前に、ぜひ知っておいていただきたいのが、楽天の創業者、三木谷浩史さんの考え方です。

三木谷イズムの真髄は、1年365日、毎日の継続を重視している点です。その象徴としてよく語られるのが、「1日1%の改善」です。

どんなことであれ、毎日1%ずつ改善していくと、1・01の365乗で、1年で37・8倍くらいになります。それに対して、毎日1%ずつ力を抜いたとすると、0・99の365乗で0・026倍。つまり、1年で元の実力の40分の1まで下がってしまう計算です。つまり、1年で37倍成長するのと、40分の1まで退化するのと、どっちがいいですか、ということです。

昨日より1%だけ上乗せするというのは、そこまで難易度の高いことではありません。でも、毎日サボらずそれを続けるだけで、誰でも1年で37倍成長できる。そして、

＃１日１%の改善
＃三木谷曲線

個々の社員が1年で37倍成長するとしたら、社員1万人の会社は圧倒的な成長を生み出すことができるのです。

毎日小さな改善を重ねていけば、たしかに個人として成長することはできます。でもライバルだって成長します。では、どこで差がつくのか。

ここで登場するのが「三木谷曲線」です。努力と仕事の結果は比例関係ではありません。最初のうちは、いくら努力してもなかなか結果に結びつかない。他の人も同じような努力をしていて差がつきにくいからです。

ところが、諦めずに努力を続けると、あるレベルを超えた瞬間、急激に伸びます。たいていの人は、そこまで努力できません。99・5％努力して、諦めてしまう。残りの0・5％、**最後の最後まで粘って努力し続けた人だけが、結果をごっそり独り占めできる**ということです。

仕事であれ勉強であれスポーツであれ、0点から80点に上げるのと、80点を90点に上げるのとでは、後者のほうが大変です。90点を95点に上げるのはもっと大変です。だから、たいていの人は、80点で満足してしまうのです。しかし、それではいつまで

三木谷曲線

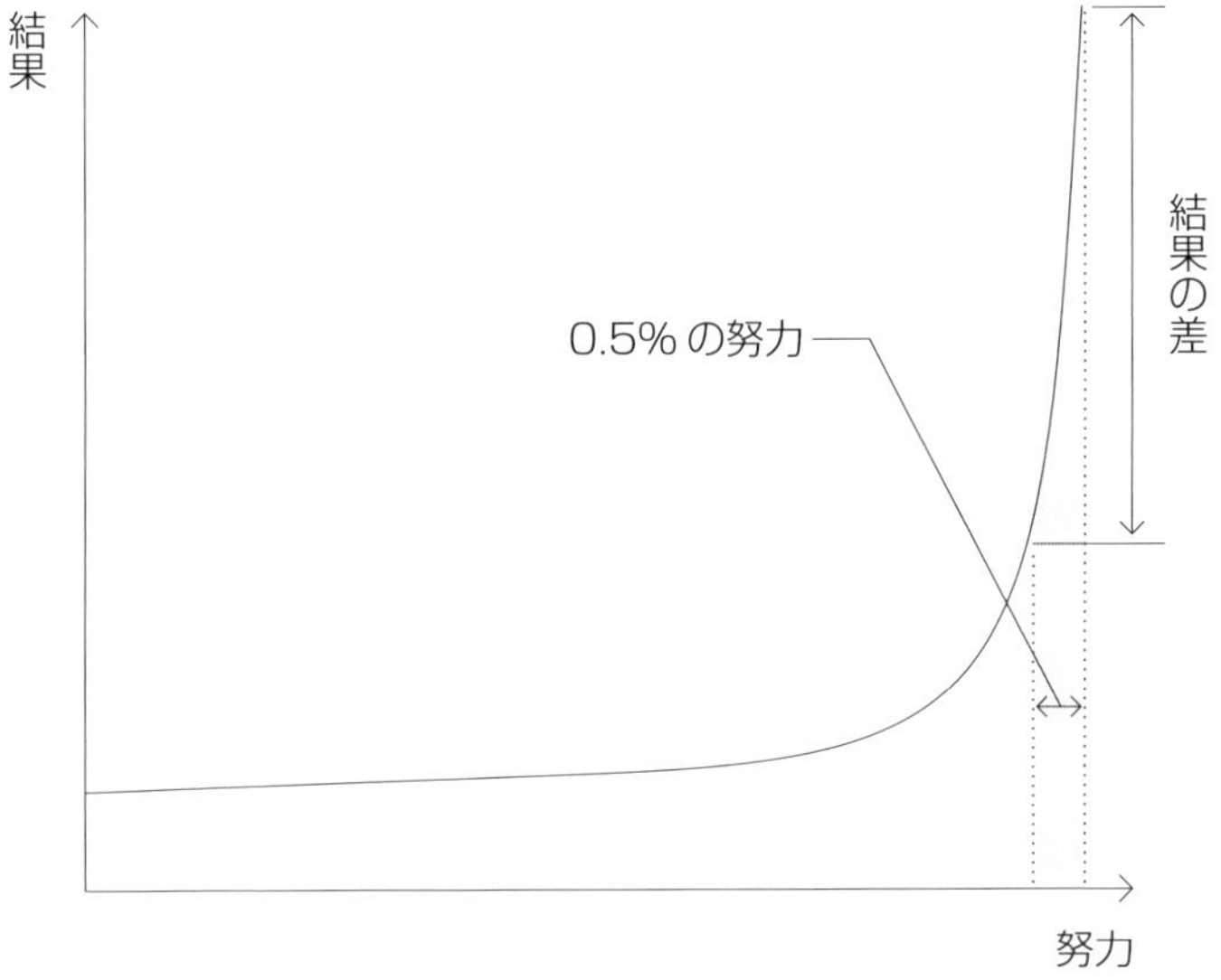

出典：『成功の法則92ヶ条』（三木谷浩史）

たっても人並みで、永遠に差別化できません。

残りの20点の余地にどれだけリソースを投入できるかで競争優位が生まれるのです。ほとんどの人はそこまでやらない。手間ひまかけて80点を90点に上げるより、別の分野で手っ取り早く80点をとろうとするからです。だからこそ、非効率的だとわかっても、80点を90点に、90点を100点に近づける努力を重ねるわけです。そこまでやった人だけが、ライバルに圧倒的な差をつけることができるのです。


ただ、自分の好きなことなら、昨日より今日を1%よくするというのは、そんなに難しいことではないはずです。

2015年に亡くなられた任天堂の元社長・岩田聡さんは、「仕事は楽なほうがいい」とおっしゃっていました。岩田さん自身もプログラミングが楽しくてしょうがないから、何時間もぶっ通しでやっていたそうです。

誰かに強制されたわけでもないのに、ただただ楽しいというだけで、ずっとそれをやり続け、どんどんそれが得意になる。得意になると、それをやるのが苦ではなく、楽になります。三木谷曲線の99・5%の壁を軽々と超えて、残り0・5%の領域に踏みこんだ状態です。

もしあなたが0・5%のゾーンまでたどり着けば、確実に周囲の人たちから重宝がられます。あなたが1時間でできることを、まわりの人は5時間、10時間かけないとできないかもしれない。そんなレベルになっているはずです。そして、自分は楽しているのに、まわりからは自然とありがたがられる。「有り難い」から「有難う」と言われる。そんな理想の状態になるのです。

38 ハッカーのように課題を発見し解決を楽しむ思考法

「自分の〝好き〟をとことん突き詰める」に加えて、ＡＩ以降に人間に求められるのは、**何が世の中の問題となっているのか、解決すべき課題は何かを発見する能力**だと考えています。

すでに認識されている課題を解決する部分は、どんどんＡＩが代行していくはずです。しかし、「会社のここが問題だ」「この部分がボトルネックになって、社会の発展を妨げている」という部分を見つけるのは、人間にしかできません。ＡＩには「生きる」「生き残る」という目的もなければ、「よりよく生きたい」という願望もないからです。

エンジニアリングでいちばん大事な資質は何かと聞いて、課題発見力と答える日本人はまずいません。それどころか、誰かが考えた解決策を実行に落としこむのがエンジニアの仕事だと思っている人がたくさんいます。しかし、**グーグルでエンジニアにいちばん求められるのは、自ら解決可能な最大の課題を設定し、それを最後までやり抜く能力**です。

たとえば「グーグル検索の最適化」は1つのプログラムではなく、500個以上の小さなアルゴリズムの集合体です。エンジニアがそれぞれ小さな課題を見つけ、その解決策を考えて、毎日新しいアルゴリズムを足していくことで、生態系ができています。

ハッカーである彼らは、もちろん課題の解決も大好きです。ハッカーとは、コンピュータやアルゴリズムについて一般の人より深い技術的知識をもち、持ち前の技術を駆使して課題をクリアする人のことです。

課題を解決することを通じて自分自身も成長できるので、できるだけ大きな課題を探してきて、自分でそれを解くのが楽しくてしかたがない。簡単なパズルでは楽しめないから、少しでも難易度の高いパズルを求めて永遠にさまよう。それがハッカーらしい生き方であり、だからこそ、課題を発見する姿勢が身についているのです。

ぼくが高校生だった1980年代後半は、まだインターネットも携帯電話もなく、一部のマニアがパソコン通信をやっていた時代です。ぼくらの世代は、パソコンにしろ、インターネットにしろ、まだ本格的に普及する前の黎明期から接していたので、ユーザー自身が作り手にならざるを得ませんでした。そのため、技術的なことや仕組みがひととおり理解でき、ある意味、非常にラッキーな世代でした。

お店に行ってもモノがないから、パソコンは自作するしかなかったし、プログラムも雑誌に印刷されたものを自分で打ちこむしかありませんでした。当然打ち間違いがあるので、それを修正するには構造から理解しておく必要があったし、パソコン通信も自分でプロトコルの設定をしないと接続できませんでした。

何でも自分でやらなければいけなかったので、「ゆがみを見つけると、他人に許可をとる前に、とにかく直してしまいたくなる」というハッカー的な生き方が染みついています。要は、それまで誰も気づいていなかった問題を見つけ、その解決策を考えることは純粋に楽しいということです。

ぼく自身もハッカーですから、課題を発見して、そのうまい解き方を見つけたら、それを「おもしろいでしょ？」と言ってみんなに広めるのが生きがいです。取り組む価値のある、難易度の高い〝いい課題〟を発見すると、「おもしろそう！　一緒に解かせてよ」と仲間がワラワラ集まってきて、世の中を変える解決策を生み出していく。それがハッカーたちの文化なのです。

リナックス（Linux）をつくったリーナス・トーバルズのような大物ハッカーも、別に世界をよくするためにやっているわけではないと思います。単に自分の技量の中で挑戦できる最高の課題を、最高のチームでできることが楽しくてやっているのでしょう。それは、彼の本の原題が『Just for Fun』（『それがぼくには楽しかったから』小学館プロダクション）であることからもわかります。

「自分の〝好き〟をとことん突き詰める」という意味でも、課題を発見するという意味でも、AI時代に活躍できる人というのは、少なからずハッカー的な要素をもった人なのではないかと思います。

#ハッカー
#課題発見力

39 ストリートスマートで常識の壁を超える

ハッカーのように、それまで誰も気づいていなかった課題を発見し、ビジネスチャンスにつなげるコツは、世の中の人たちがやってはいけないと勝手に思いこんでいることの「すきまを突く」ことです。

「すきまを突く」といっても、重箱の隅をつつくようなやり方ではなく、**その時、その場の状況に応じて臨機応変に、「それってこういうことだよね」とそもそもの本質に立ち返って考える力**のことを指します。

そうしたやり方は**「ストリートスマート」**と呼ばれています。その反対語は「ブックスマート」、つまり（本に書いてあるような）お勉強ができる賢さという意味で、根っからのハッカーからはバカにされたりします。

たとえば、あるキャンペーンで「かけられるコストは１００万円以下」という制約条件を与えられたときに、「その100万円以下というのは本当に制約条件なのか？」と疑うのが、ストリートスマートです。

プロジェクトマネジメントは、クオリティとコストと納期のバランスをどう取るかで決まります。この3つのうちのどれかは制約条件で、どれかが目的関数です。たいてい、クオリティをマックスにするのが目的関数で、コストと納期は制約条件です。「100万円以下で3月末まで」といった具合です。ところが、クオリティを高めようとすると、コストはどうしても上がってしまう。「100万円以下」という制約条件を守れなくなってくるわけです。

そこで、そもそも「100万円」という数字は絶対なのかを疑ってみます。よくよく調べてみると、「コストを売上目標500万円の20％以内に抑える」というところから出てきたらしい。だとしたら、制約条件は「100万円以下」ではなく、「売上の20％以内」であるはずです。

そう考えると、売上を倍にできるなら、コストも倍の200万円までかけることができます。200万円かければ、クオリティも上がって、納期も短縮できる。それによって競合他社を出し抜くことができるかもしれません。

みんなが勝手に「100万円以下で3月末まで」と思いこんでいるなら、その裏をかいて制約条件を見直せば、突然選択肢がグンと広がる。それがストリートスマートの考え方です。

こうした思考をしていれば、「そもそも売上目標が500万円に設定されているのはなぜか?」「そもそも売上をその程度に抑えている原因は何か?」「そもそもコストが売上の2割というのは妥当なのか?」「そもそもクオリティの上限を決めるのはコストなのか、納期なのか?」といった課題が次々と見つかります。

一方、「ブックスマート」の考えだと、「100万円以下で3月末まで」という条件を所与のものとして疑わないため、チラシのデザイン代や用紙を節約して、なんとかコストを100万円以下に抑えるぞ……という発想になってしまいがちです。

世の中のゆがみを見つけて解決するハッカー的な生き方も、世間の常識を疑って逆張りするストリートスマートの発想も、やっていることはほとんど同じです。そうした姿勢が身についていると、新しいアイデアがわいてくるし、解決すべき課題も見えてきます。

みなさんも、いまいる会社の中で、当たり前すぎてあえて誰も口に出さないような「暗黙の了解」や「職場のルール」を疑ってみると、思わぬ切り口が見つかる可能性があります。上から降ってきた「数値目標」も、それが意味するところを掘り下げてみると、別の説明が成り立つかもしれない。そうした発見が、組織やルールを変える突破口になるかもしれません。ぜひ試してみてください。

#ストリートスマート
#ブックスマート

40

AIも不可能なイノベーションを生み出す方法

革新的な技術の発明や、まったく新しいアイデアによる社会的な価値の創造といったイノベーションを起こすことも、（いまのところ）ＡＩには不可能な、人間にしかできない仕事です。

グーグルは、つねに新しいサービスやプロダクトを生み出すことで発展する、イノベーションを中心とした会社です。でも、そのイノベーションは、スティーブ・ジョブズのようなたった一人の天才が生み出すものではありません。一人ひとりのエンジニアのひらめきやアイデアからスタートして、みんなの力をギューッと集めた結果として、Ｇメールができ、Google Nowができています。

そんなグーグルのイノベーションの秘密は、ＡＩ時代だからこそ大事にしたい働き方のヒントになるかもしれません。

グーグルのようなボトムアップ型のイノベーションを起こすためには、会社のあちこちでひらめきがわいてくるような環境が不可欠です。壁をつくらないオープンなコミュニケーションは、そうした環境づくりに欠かせません。

象徴的なのは、グーグルの社員であれば、社内のほとんどの情報にアクセスできるということです。普通の会社では、役職や部署によってアクセスできる情報に制限がかけられていて、たとえば、無関係の社員が開発中のプロダクトの機密情報に触れることはできないようになっています。ところが、グーグルでは、本人にその気さえあれば、どんな情報でも見ることができます。そうすると、時には「今度こういうサービスが出る」「このサービスはもうすぐ閉鎖される」といった情報をリークする人間が出てきます。

そんなとき、グーグル創業者のラリー・ペイジは全社員に次のような趣旨のメッセージを出します（ぼくの意訳です）。

「ウェブメディアにこんな記事が出た。それは本当に悲しいことで、たったいま、情報を流出させた◯◯をクビにした。なぜクビにしなければいけないのか。**サンクチ**

#ラリー・ペイジ
#イノベーション
#サンクチュアリ

ユアリ（みんなが理想的に暮らせる聖域）を守るためだ。ぼくらはボトムアップ・イノベーションを大事にしている。**みんながお互いに信じることができて、誰もが情報をとれる状態になっているから、ボトムアップ・イノベーションが起きるんだ。**誰かが信頼を裏切って外に情報を漏らしてしまったら、ぼくらは情報を閉じなければいけなくなる。誰かを疑わなければいけなくなる。それでは、サンクチュアリは死んでしまう。サンクチュアリを守っているのは、あなたがた一人ひとりなんだ。それをわかってほしい」

グーグルのボトムアップ・イノベーションを起こす仕組みとして、勤務時間の2割を使って本業以外の何か新しいことに挑戦する「20％ルール」が知られています。現場から出たアイデアを形にしていくというプロセスだけを見ると、ボトムアップ型の日本的経営と同じに見えるかもしれません。しかし、日本企業は「すでにあるもの」に対して、ボトムアップで改善を積み上げていくのが得意なだけで、「新しいもの」「まだこの世にないもの」をボトムアップでみんなの力を結集して生み出しているわけではありません。

グーグルは、0から1を生み出すイノベーションをあちこちで起こすために、あえて20％ルールを取り入れています。「これはイケる！」となったら、プロジェクトメンバーがアサインされ、どんどん人が集まってきて、大きなうねりになっていきます。それがやがてヴァイスプレジデントやプロジェクトマネジャーの目に入ると、今度は全社プロジェクトに格上げされ、一気にグローバル市場を取りに行く。みんなでコツコツ改善を積み重ねるのではなく、みんなで新しいものをスピーディに生み出すわけです。

それが可能なのは、自分と情報をオープンに出せる場があり、そういう信頼関係で結ばれた仲間がいるからです。あなたにとってのサンクチュアリを、ぜひ自分の会社でも実現してください。それが、世の中を変えるイノベーションを起こす秘訣なのです。

＃ラリー・ペイジ
＃イノベーション
＃サンクチュアリ

41 スキルからエクスパティーズとネットワークへ

自分の「好き」や「強み」を生かすのが、AI時代の基本的な戦略です。「好き」なことは、「好き」だからこそ勝手にどんどん掘り下げていくことができますが、「強み」は放っておくと陳腐化します。

では、自分の「強み」を拡張し、次の「強み」を育てていくには、どうしたらいいのでしょうか。

プロフェッショナルな仕事というのは、「スキル」と「エクスパティーズ」と「ネットワーク」の3つに分解されます。

たとえば営業の仕事をするためには、いくつもの**「スキル」**が必要になります。相手が困っている課題を言語化してその解決策を提案したり（ソリューション営業）、要点をまとめた資料をつくれたり（資料作成力）、相手が買うかどうかを決めかねているときは、最後のひと押しをしたり（クロージング）……。

しかし、そうしたスキル以上に大事なのは、その業界、そのプロダクトやサービスについての専門知識です。これを**「エクスパティーズ」**（Expertise）と呼びます。

たとえば、消火器を売るには、消火器の使い方だけではなく、消防法や保険の知識が不可欠で、「いまの法律ではこれだけ備えておけばOKだけれども、保険への申請を考えると、ここまで準備しておくと、万が一のときも保険金が下りやすくなるので安心です」といった説明までできるといったレベルです。

最後の**「ネットワーク」**は人の縁です。自分だけではできないことを実現しようと思ったときに、誰に声をかけるかで、アウトプットの質はまったく変わります。誰もが認めるその道のプロに頼むことができれば、あなた自身の価値も高まります。

誤解してほしくないのは、軽い意味での「人脈」と「ネットワーク」は違うということです。人脈にはただSNSでつながっているだけの知り合いも入るかもしれませんが、ネットワークは、お互いにメリットがある互恵関係に限定されます。

プロフェッショナルとして経験を重ねると、**スキルから、エクスパティーズとネットワークに仕事の比重が移っていく**ものです。最初はスキルを身につけるところ

＃エクスパティーズ
＃ネットワーク
＃『アライアンス』

から始めて、だんだんエクスパティーズマーケットと、ネットワークマーケットで生きていくようになるわけです。

ただし、いままでは業界の過去の知識をまとめてエクスパティーズと呼んでいましたが、いまは**エクスパティーズそのものがどんどんアップデートされる時代**です。昔からの業界慣行や暗黙のルールを知っているだけではダメで、最新の事情を先回りして押さえておく、あるいは、この先の業界動向をある程度予測できることが求められています。

したがって、どんどん更新されていく自分の業界の最新動向にちゃんとキャッチアップしておくこと、その先の変化を読んで自分の立ち位置を確保することが、今後も有効な1つの方向性です。

もう1つは、ネットワークを広げ、更新していくことです。エクスパティーズを支えるのは人の縁です。対等な立場で人とつながるためには、「お互いの成長を交換する」ことが必要です。

たとえば、会社と自分の関係であっても、お互いに対等な契約ですから、「ぼくを通してあなたの会社も成長（売上増）するから、あなたの成長を通してぼくも成長（スキルアップ）させてください」というのが、正しい会社との距離のとり方だとぼくは思います。

こうしたネットワークの形について語りだすと長くなるので、もっと知りたい人は、リード・ホフマンの『アライアンス』（ダイヤモンド社）を読んでください。これからの時代の働き方を考えるときに、とても示唆に富んだいい本です。

#エクスパティーズ
#ネットワーク
#『アライアンス』

42 「自分」を確立するために検索ワードをもって生きる

現在の「エクスパティーズ（業界知識）」は仕事を通じて身につけられますが、一歩先を行く「エクスパティーズ」を身につけるためには、どうすればいいのでしょうか？
たとえば、3年後、5年後に自分の業界がどんな方向に向かうのか、先回りして押さえておくことができれば、それ自体が次の「強み」になるはずです。

ぼくがおすすめしているのは、**自分にとって、いまいちばん大事な「検索ワード」を常時5つくらいもっておく**という方法です。つねに考え、ネット上で検索を続けるから、「検索ワード」というわけです（具体的な検索の方法は30ページでお伝えしました）。

具体例をあげると、ぼくはここ数年、「エクスクルーシブ（exclusive：排他的）」の対義語としての「インクルーシブ（inclusive：包含的、すべてこみの）」という言葉に注目してきました。ブレグジット（英国のEU離脱）からトランプ大統領の誕生にかけての

「排他的」な動きに対して、どうやったら全部を包みこむような方向にもっていける
のか、それをずっと考えていたわけです。
2018年の第90回アカデミー賞の授賞式で、主演女優賞に輝いた『スリー・ビル
ボード』のフランシス・マクドーマンドは、「インクルージョン・ライダー（inclusion
rider）」という言葉で、キャストやスタッフにもっと女性を増やそうと訴えました。
セクハラ騒動に揺れるハリウッドも男社会だったわけです。

自分に理解できないから怖いといって遮断するのか、それとも多様性を当たり前の
こととして受け入れ、わたしとあなたはつながっているという前提で動くのか。つな
げるためには、どうすればいいのか。そうしたことを日々考えていると、思いがけな
いビジネスのアイデアが生まれたりします。

そうやって少しずつずらした検索キーワードをいくつかもっておき、つねにそれを
追いかけていると、関連する情報が自然と集まってきて、いろいろと語れるようにな
ります。

何の目的ももたずにネットを徘徊しているだけでは、ただの暇つぶしで、得られる
情報の質も量もたいして上がりません。他人から与えられたテーマではなく、**自分
なりの目的意識、問題意識をもって情報収集したほうが、圧倒的にくわしくなる**

のです。

では、自分自身の「検索ワード」はどのように見つければいいのでしょうか。自分が関心のあることなら、入口は何でもかまいません。たとえば最初は、「最高のカツ丼が食べたい」という単純なことでもよいのです。

おいしいカツ丼とはどんなものかを探求していくと、どうやら卵の半熟具合とカツの脂身の混ざり具合が関係しているらしい。となると、実は、触覚というものが「おいしさ」に占める割合は、思っている以上に高いかもしれない、ということに気づきます。そこで、「触覚と食事」を検索キーワードとしてもっていたら、閉店してしまったスペインの幻の3つ星レストラン「エル・ブジ（El Bulli）」に行き当たった……というように、自分なりの検索ワードをもっていれば、どんどん新しい情報が入ってきて、見たい世界が広がっていきます。

ネットだけでなく、会う人会う人に「自分はいまこれに興味がある」と言っておけば、どこかで「それなら、これ知ってる?」と教えてくれる人が出てきます。そうして自分なりの旅をしていく中で、新しい発想が生まれ、まったく接点のなかった人たちとのつながりができていくのです。

43 アイコンをもてば、人間関係の強力な武器になる

いまの時代、人と人のつながりの「ネットワーク」を拡張したければ、SNSという武器を使わない手はありません。

ソーシャルなつながりで大事なのは、つねに**「自分」の情報の更新、つまり自己紹介を続けること**だと思っています。遠く離れていた人と久しぶりに会うと、何から話していいかわからなくて、緊張したりしませんか？　それは、お互いのことをよくわからなくなっていて、「相手に理解されないんじゃないか」「受け入れてもらえないんじゃないか」という不安が生じるからです。

毎日のようにネットで自分の情報をアップデートしておけば、少なくとも相手はいまの自分のことをわかっていますから、久しぶりにリアルで対面しても、すぐに距離がグッと近くなります。

＃仲間を呼ぶアイコン
＃赤マフラー

これは楽天大学の学長・仲山進也さんから教えていただいたのですが、チームビルディングではお互いのことをよく知ることが大前提です。そのためには、メンバー全員がそれぞれ情報発信して、ある程度の「量」をやりとりする必要があります。そのため、チームビルディング研修をするときは、あえてルールをつくって、毎日、朝の「おはよう」と夜の「おやすみ」の挨拶だけは欠かさずにフェイスブックに書きこんでもらうそうです。

実際にやってもらうと、ラーメンの写真ばかり上げる人や、自分が飼っているイヌの写真だけをひたすらアップする人も出てきますが、それでも全然OKです。

イヌの写真を毎日上げることにも実は意味があって、ぼくとその人の間には「あなたはイヌ好きなんですね」という共通認識ができます。つまり、本人同士が面と向かうのではなく、イヌというテーマについて一緒に話すことができます。

「この話はウケるかな。全然興味がなかったらどうしよう」という不安を抱えながら話すから緊張するのであって、**最初から何らかの共通認識があれば、そこを糸口にして、すぐに打ち解けることができます。**

物理的なアイコンも、自己紹介の強力な武器です。

『モチベーション革命』でも書きましたが、ぼくがいつも赤いマフラーをしているのは、それがアイコンになると、「尾原といえば赤マフラー」と認知してもらえるからです。

「○○さんといえばワンコ」「ラーメンといえば○○さん」と認知されれば、それだけでコミュニケーションのハードルがグンと下がります。

また、ぼくは自分の興味の赴くままに、しょっちゅう海外に行っていて、ネタの宝庫なので、フェイスブックのコメント欄はいつも賑わっています。外に行ってランニングをした写真をアップすれば、「いまどこにいるの?」「後ろに写っているのは何?」と勝手に向こうが興味をもってコメントを書きこんでくれます。

それをきっかけに会話が始まるので、むしろ、毎日顔を合わせているよりも、遠く離れていたほうが、みんなが興味をもってくれて孤独にならないというのが、ぼくの実感です。


これだけソーシャルでつながれる時代に、会社を辞めたり、外国で暮らしたからといって孤独を感じるとしたら、それは自分が壁をつくっているケースが大半です。

受け入れてもらえなかったらどうしようという不安が、自分を孤独にしているのだとしたら、そうした不安を解消するためにも、ソーシャル上でつねにいまの自分をさらして、「ワンコ」「ラーメン」「赤マフラー」のようなアイコンをつくっておけば、人間関係をつくる強力な武器になるのです。

44 誰とでも仲良くなれる3つの方法

「どこでも誰とでも」働くためには、たとえ初対面の相手でも、すぐに打ち解けて仲良くなれるに越したことはありません。コミュ障だからといって、「ネットワーク」を広げることを怠ると、自分の「強み」は拡張されません。

誰かと仲良くなるための条件は3つあると、楽天のある店長さんに教わりました。それは、①マイクロインタレスト、②自己開示、③コミットメントです。

マイクロインタレストとは「みんなの共通の話題」とは正反対の「(自分だけの)こだわり」のことで、細分化された興味・関心の対象です。自分のマイクロインタレストを自覚し、公開することで、それが一致した人とはうまくやれるようになります。

誰からも好かれる「国民的なアイドル」がいなくなった一方、「推しメン」が一緒

#マイクロインタレスト
#自己開示
#コミットメント

の人同士なら、すぐに仲良くなれるというのと同じことです。

自己開示というのは、自分の弱みをさらけ出せるかどうかで、この3つの中でいちばん大事な能力です。相手の話を引き出すには、まず自分の手の内を見せること。なかでも、自分の欠点や失敗談を先にオープンにすれば、相手の警戒心を解くことができます。要するに「愛嬌がある」ということですが、リクルートにはそういう人たちがたくさんいました。

ソフトバンクの孫正義さんは愛嬌づくりが抜群にうまい方だと思っています。孫さんはツイッターの黎明期に日本でいちばんフォロワーが多い人になりましたが、自分のハゲを隠さず、むしろ積極的にアピールしたことで人気者になりました。「髪の毛の後退度がハゲしい」というツッコミに対して、「髪の毛が後退しているのではない。わたしが前進しているのである」と返したのが有名ですが、こういうやりとりでファンになった人も多いはずです。

コミットメントは、85ページでも説明した「自分事化」です。結果を客観的な数字で受け止め、そこから逃げない。うまくいかなかったときに、誰かのせいにして逃げを打つ人は信頼されませんが、最後まで自分の責任でやり遂げる人は信頼され、好かれます。

まとめると、すごく細かいところにこだわるし、好き嫌いを隠そうともせずにあけっぴろげに話をするけれども、結果にもめっちゃこだわるよ、という人になります。こういう人は、昔から、誰からも好かれるタイプですし、それはＡＩ時代であっても変わることはないのです。

＃マイクロインタレスト
＃自己開示
＃コミットメント

45

ゴールを共有して、一緒に大きなことを成し遂げる

ここまで、「どこでも誰とでも」働ける働き方、転職という手段による人生の広げ方、AI時代の生き方について、ぼくがご縁をいただいた会社から学んだこと、会社を転々とする中で出会ったいろいろな人から教わったことを話してきました。

最後に、ぼくが大事にしていることを述べたいと思います。

それは、いまの自分にとってのゴールは、一定不変ではないということです。ゴールそのものもどんどん上書きされるし、最適化の対象になります。ゴールポストを後ろにずらすのはズルいと感じるかもしれませんが、その時、その場で最適なゴールは、相手や状況に応じてどんどん変わっていくのです。

いろいろな人とコラボレーションすれば、それぞれ違う立場、違うこだわりがあります。その結果、お互いのゴールがかち合って、時にはいがみ合いに発展してしまう

こともあります。とくにありがちなのは、「あなたvsわたし」という構図です。これを、「あなた」と「わたし」を1つにして、「われわれvs目的・課題」にしたいなあ、といつも思っています。

それを痛感したのは、阪神・淡路大震災のときでした。当時出会ったボランティアの方々は、それぞれが強い思いをもって集まってきたわけです。そうすると、それぞれ譲れない「正義」と「大義」があって、それがぶつかることが多かったのです。でも、本来なら、「人助け」という共通のゴールに向けて、「あなたvsわたし」の対立を越えて「われわれ」は1つにまとまることができるはずです。

「巨人ファン」「阪神ファン」という次元で話をすれば、両者は犬猿の仲で、歩み寄れないかもしれない。でも、1つ次元を上げて、「野球ファン」というくくりでまとまれば、「一緒に野球を盛り上げていこう!」と、同じゴールを共有する仲間になることができます。もう1つ次元を上げて、「プロ野球」だけでなく「高校野球」や「メジャーリーグ」まで含めれば、もっと大きなゴールを共有することもできます。

ところが、さらに次元を上げて、「スポーツ好き」でまとまろうとすると、きっと「野球ファンvsサッカーのサポーター」という別の争いが勃発します。「自分が好きなの

ゴールの共有
コラボレーション
阪神・淡路大震災

はあくまで野球／サッカーで、別にスポーツ全体を盛り上げたいわけじゃない」という人が多数派になると、同じゴールを共有するのは難しくなります。「野球」や「サッカー」レベルなら自分事化できても、「スポーツ」だと自分とは距離がありすぎて、熱くなれないということです。

このように、お互いが自分事として高め合える距離にあるゴール、つまり共通の目的を探っていくのです。「あなたvsわたし」だと、1つのものを取り合う、ぶつかり合う線ですが（図①）、目的を高くもち上げると、一緒に目的に向かって歩く同行の友になります（図②）。

変化する世の中では、昨日までのゴールが突然ゴールではなくなり、今日はまったく違うゴールを目指していることなんて、日常茶飯事です。しかも、「どこでも誰とでも」働くためには、複数の評価軸をもっていることが前提なので、ゴールは1つとは限りません。会社におけるゴールと、ボランティアにおけるゴールが違うのは当たり前で、職場でのゴールが自分のライフワークにおいては手段にすぎないということもあるし、ライフワークを追求していく中で、「好き」の解像度が上がって新しいゴ

ゴールを共有して対立を乗り越える

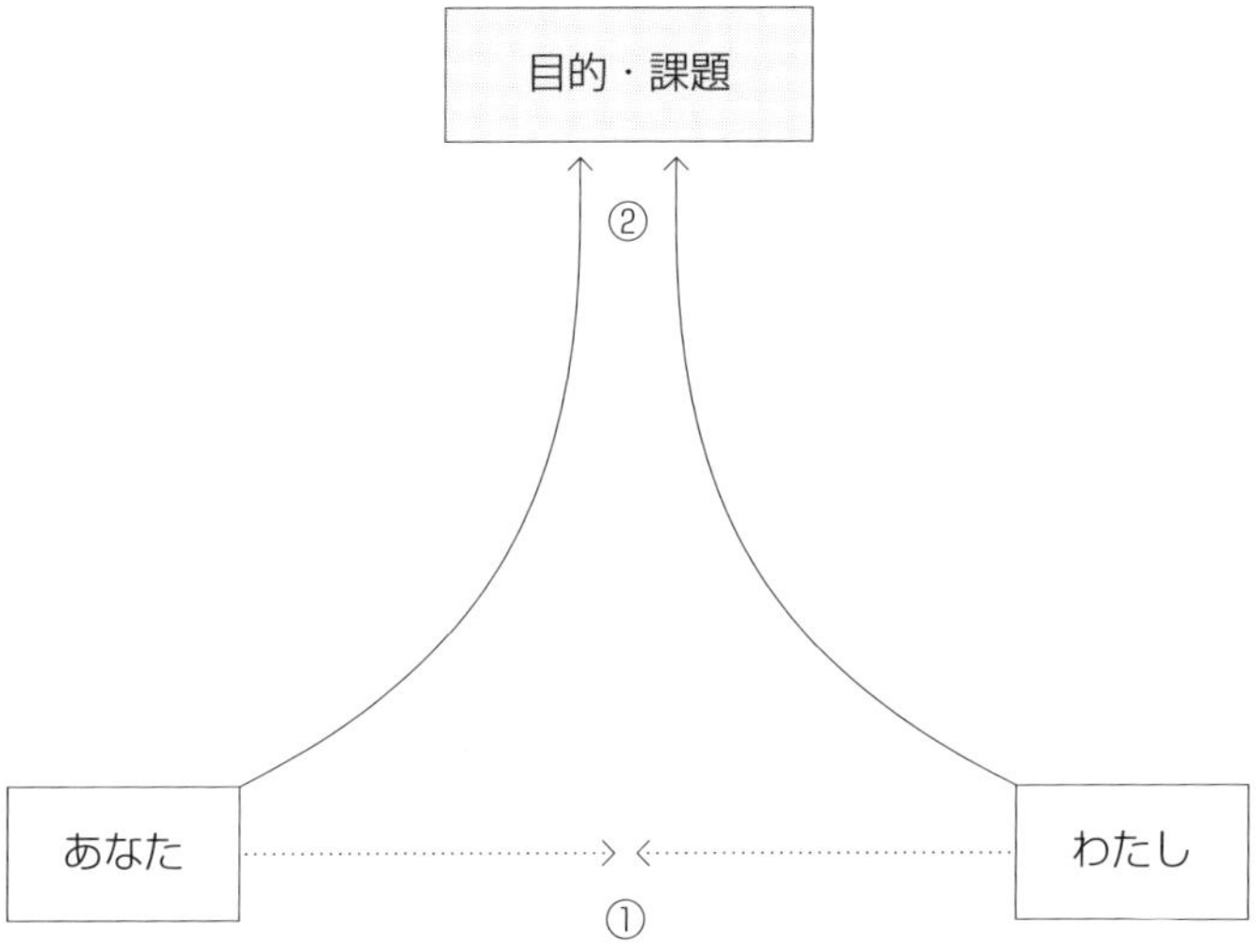

ゴールの共有
コラボレーション
阪神・淡路大震災

ールと巡り合うこともあります。

そうやって複数のゴールの引き出しをもっていれば、新しく出会ったいろいろな人たちと、一緒に歩んでいけるゴールも見つけやすくなっていくのです。

変化の時代は、あなたのゴールの引き出しを増やせる時代です。みなさんと一緒にこの時代を楽しく歩んでいけたらと思います。

コラム

手持ちの資産の回転速度を上げれば、どこでも豊かに生きられる

組織を離れて一人で働きたい、外国に住んでリモートワークで働いてみたい、と思っても、お金のことが心配で、最初の一歩が踏み出せないという声をよく聞きます。転職して給料が下がった人の話を聞くと、たしかに心配になる気持ちはわかります。

でも、売上（収入）と消費（支出）を最適化すれば、人間はどこでも生きていけます。そして、インターネットの登場で、消費を最適化するのが圧倒的にラクになっています。世界中のどこで暮らしていても、生活にお金がかからなくなってきているのです。

豊かさが収入の額だけで決まる時代は終わりました。手持ちの資産の回転速度を上げれば、少ない収入でも楽しく暮らせることがわかってきました。

#お金
#パチンコ経済

たとえば、パーティーに行くことになった女性が、金色のラメ入りの口紅を塗りたいと思えば、フリマアプリのメルカリで使い古しの口紅を安く手に入れる。でも、1本全部は使わないから、自分の使ったところだけ切って、またメルカリに出品する——こんな消費の形が、生まれてきているのです。

1本5000円もかけて新品のラメ入りの口紅を買う気はしないけれど、送料を含めて500円で使えるなら、使える人、使ってみようという人は何倍にも増えます。一人ひとりの消費の力は減っても、同じものがグルグル回転していけば、全体として豊かになると考えたほうが、いまの時代にフィットします。

手持ちの資産の有効活用は、「家」でも生じています。

エアビーアンドビーやシェアハウスが充実したいまでは、定住するための「家」をもたなくても、かなり安く暮らせます。ベルリンで普通のホテルに泊まると、1泊1万5000円くらいはとられますが、エアビーで探せば1泊2000~3000円のシェアハウスが見つかります。スマホがあれば、世界中のどこへでも移動し、どこにでも泊まることができるのです。

さらには、エアビーを使えば、東京とシンガポールに家があって、行ったり来たりする二重生活を送ったとしても、東京のマンションにいるときはシンガポールの家をエアビーで貸し出し、シンガポールにいるときは東京のマンションを貸し出すという方法をとることもできます。つねにどちらかの家はお金を稼いでいる状態なので、実質として家賃は1軒分で済むわけです。

そして、東京でもシンガポールでもない場所に行くときは、両方の部屋が稼いでくれるので旅費の足しにもなるのです。

最近よく言っているのは、経済はどんどん「パチンコ経済化」するだろうし、したほうがいいということです。

現在、パチンコは22兆円の巨大市場です（2017年レジャー白書より）。最盛期の1990年代半ばには30兆円だったので、そこからは3分の2近くまで縮小しましたが、日本の国家予算が98兆円（2018年度の一般会計予算案）ですから、いまでも国家予算の5分の1以上もパチンコの市場規模があるということになります。

なぜこんなことが起きるかというと、同じ人が勝ったり負けたり勝ったり負けたりを繰り返して、儲けたお金をまたパチンコにつぎこんで、2周目、3周目、4周目……と全部売上に加算されていくからです。結局、一部の人たちのお金がグルグル回ることで、22兆円まで膨らんでいるわけです。実際に動いているお金はずっと少なくて、その20分の1とも言われています。

つまり、市場規模というのは、これまで1回に使う金額に着目してきたけれども、これからは何回転したのかに目を向けるべきではないか、回転速度を上げれば豊かになると発想を切り替える必要があるのではないか、ということです。

そういう「パチンコ経済化」を考えると、どこに住んだとしても、生活に潤いを与えるいろいろなアイデアが出てくるかもしれません。自分がすでにもっているものを回転させてお金に換えれば、新たにコストをかけなくても豊かになれるのです。

おわりに 『やっぱりおおかみ』とゲゼルシャフト

尾原和啓です。本書を読んでいただき、ありがとうございます。

本文の前に「おわりに」を読まれる方、はじめまして（ぼくもそのタイプですが、この本の構造は「はじめに」でまとめているので、そこも読んでくれたらうれしいです）。

もしかしてぼくの他の本や記事を読んでくださった方、またお会いできてうれしいです。

この本は、ぼくがみなさんにギブできる最大のもので、いちばんギブすることをためらっていたものです。

昔話を2つさせてください。

ぼくはなぜか本当に小さい頃から「ぼくはここにいてはいけない子」だと思って生

きていました。いまもそうです。

そんなときに、佐々木マキさんの『やっぱりおおかみ』（福音館書店）という絵本に出逢いました。これがすばらしくいい本なのです。

一人ぼっちのおおかみがいて、いろいろな村を渡り歩きながら、ヤギとか、他の種で仲間を探そうとするのですが、やっぱり仲間にはなりきれない。でも最後にこのおおかみは、自分の一人ぼっちさを肯定的に認めて、一人で歩み始めるという話です。

読んだ瞬間、強烈に「これは自分だ！」と思って、自分の仲間外れ感を肯定的にとらえることができました。それ以来、ぼくはいろいろな種族を渡り歩くようになりました。

そうすると、実は、自分が仲間外れのおおかみというだけで、他の種のヤギやウサギから珍しがってもらえるし、次の場所に「ヤギやウサギの世界ではこうだったよ」という話をもっていくだけで、さらに楽しんでもらえるということがわかります。そうやってぼくは自然と「この街も自分の街じゃないんだ」、だからこそ「喜んでもらえて生きていけるんだ」と思って過ごしてきました。

もう1つの昔話。

ぼくは中学の頃のあだ名がゲゼルシャフトだったんです。

変なあだ名ですよね。これ、ゲマインシャフトとゲゼルシャフトという社会学の用語があって、ゲマインシャフトというのは、「損得を考えず人のことを思ってよくする人」。それに対して、ゲゼルシャフトというのは、「利得のことばかり考えて、利得でしか動かない人」のこと。ぼくは、街中の古本屋で安く仕入れた本を、専門古書店で高く買い取ってもらうことに喜びを感じる、困ったガキでした。

アービトラージ（裁定取引）と言いますが、人がまだ気づいていない価格差を先に見つけて、そこでお金を稼いで逃げ切る（他の人が気づいた時点で儲からなくなるので、さっさと手仕舞いして別の価格差を探しに行く）というのが大好きで、ずっとそれをやっていたし、それを公言もしていたので、ゲゼルシャフトと呼ばれていたわけです。

で、いまは打算的に生きようと思えば、本書に詳細に書いているように、人を信じて、ギブをしまくることがいちばんお得な時代になっています。徹底的に打算的に生きると、結果的にいい人がいちばん合理的という時代になっているのです。

「はじめに」でも書いたように、いまは、リアルな世界も「インターネット的」になりました。「リンク」「フラット」「シェア」、打算的に生きるには、これがもっとも大事な時代ということです。

なので、

・ぼくがつねによそ者で、いろいろなところにいるから「リンク」して伝えられること

・打算的にいい人として「シェア」をすることで、自分がもっとも得をするノウハウがみなさんにギブできる最大のものになりました。これがこの本を書いた動機です。

でもぼくは、ゲゼルシャフトとして、もう30年以上打算的に生きてきたので、「フラット」で生きたほうが得という呪縛があります。どのくらいかというと、ぼくには人の呼び方が「あだ名」か「さん付け」しかなくて、あだ名で呼ぶほどまだ親しくなっていない11歳の娘の友人にも「○○さん」と話しかけているくらいです。

なので、「マッキンゼー流！」とか「グーグルで学んだ○○なこと！」とか、自分が「フラット」でいられなくなることに対しては、アレルギー反応が出てしまってダメなんです（とはいえ打算として権威付けしないと本も売れないので、これまでも帯とかには

最小限使ってきました）。

そんなわけで、この本は、「うわー自慢臭ヤダなあ。でも消しすぎると伝わらないなあ」と編集の方やライターの方と相談しながら書いていきました。できるだけフラットに、みなさんのお役に立てることを集めたので、実践的な本になっていればうれしいです。

ぼくは、インターネットは人間の人間らしさ、自分らしさを引き出してくれる加速装置だと信じて生きてます。

なので、デジタルの世界だけじゃなくて、リアルもインターネット的になったいま、この本がみなさんがより自分らしく生きるためのヒントになれば、と思っています。

最後に、フラットさとは何か？　自分らしさとは何か？　について、ぼくの大好きな言葉をここに置いておきます。

「謙虚とは、自賛の反対であるとともに、卑下の反対でもある。謙虚とは自己を他と比較せぬということに存する。自己は一個の実在であるがゆえに泰然自若として、他の何物ないしは何者よりも、優れてもおらず、劣ってもおらず、大きくもなく、小さくもないのである」第2代国連事務総長　ダグ・ハマーショルドいつものように、ぼくの本にはオリジナルなことなんて何一つありません。みなさんからいただいた言葉を自分なりに咀嚼して、言いかえていった言葉を連ねています（なので咀嚼間違いがあったり、オリジナルを書き損ねていたりすることが多々あると思います。ご指摘いただけたら、次の版で修正していきます。よろしくお願いいたします）。

◇ ◇

この本を書くにあたって、本当にたくさんの方々に支えられました。

本作は、どうすればインターネットの良さをいろいろな人に伝えることができるだろうと、ニューズピックス（NewsPicks）編集長の佐々木紀彦さん、DIAMONDハーバード・ビジネス・レビュー編集長（当時）の岩佐文夫さんにご相談したところ、担当編集者の横田大樹さんをご紹介いただいたことから始まりました。さらに横田さんからご紹介いただいた共同執筆者の田中幸宏さんは同じ大学出身ということもあって、「自遊に生きられる時代の社会人の教科書になったらいいね」とワイワイ話しながらアイデアを固めていきました。

この本は読んでいただいてわかるように、糸井重里さんの『インターネット的』が本歌です。糸井さんの会社「ほぼ日」の篠田真貴子さんが監訳されたリード・ホフマンさんの『アライアンス』にも多大な影響を受けています（いま読み直すとむちゃくちゃ含蓄あります）。あらためてありがとうございます。

谷本有香さんは彼女の著書『アクティブリスニング なぜかうまくいく人の「聞く」技術』（ダイヤモンド社）のすばらしく設計された、ギブしながら仲良くなる術《すべ》に共感して、ナンパさせていただいてから、いろいろな示唆をいただいています。楽天大学学長の仲山進也さん、師であり盟友の李英俊さん、チームビルディングの長尾彰さん、楽天店舗さんのよなーいさん、石川善樹さん、「北欧、暮らしの道具店」の青木耕平さん、SHOWROOMの前田裕二さん、ニッポン放送よっぴー（吉田尚記）さん、中村繪里子さん、この本も数え切れない方々とのぶつかり稽古の中でできあがりました。

何よりも生来落ち着かず、ふらふらしているぼくにプロとして生きる軸を提供してくださったマッキンゼーの横山禎徳さん、大阪オフィス出身のみなさん、iモードという新規事業を守る父であり盾であり猛獣使いであったドコモの榎啓一さん、マネージャーとして一緒に働くということを本当に教えてくださったリクルートの伊藤修武さん、小林大三さん。昔も今もキャッキャと戯れてくださる12職の仲間たち。本当にありがとうございます。気付いたら、ぼくはこんなところまで歩いてきてしまいました。そんなぼくが歩いてきた道のりが、次に歩む方々をほんの少しでもラクにできたらうれしいです。

いつものように、この本のあともいろいろな方と「どこでも誰とでも働ける」やり方、楽しさを話していけたらと思います。

ぼくはこれからも世界中をフラフラしながら、もうすぐ実現しそうな未来について、みなさんにワクワクを伝えていきます。

そんな旅を、みなさんとリアルにバーチャルにご一緒できたらうれしいです。それではまたどこかでお会いしましょう!

２０１８年3月

自分の書斎、自分を年間１００フライトで、

いろんな出逢いへと運んでくれるAirAsiaのエコノミーシートから

［著者］
尾原和啓（おばら・かずひろ）
1970年生まれ。京都大学大学院工学研究科応用人工知能論講座修了。マッキンゼー・アンド・カンパニーにてキャリアをスタートし、ＮＴＴドコモのｉモード事業立ち上げ支援、リクルート、ケイ・ラボラトリー（現：KLab、取締役）、コーポレイトディレクション、サイバード、電子金券開発、リクルート（2回目）、オプト、Google、楽天（執行役員）、Fringe81（執行役員）の事業企画、投資、新規事業などの要職を歴任。現職の藤原投資顧問は13職目になる。ボランティアで「TEDカンファレンス」の日本オーディション、「Burning Japan」に従事するなど、西海岸文化事情にも詳しい。
著書に『ITビジネスの原理』『ザ・プラットフォーム』（NHK出版）、『モチベーション革命』（幻冬舎）などがある。

どこでも誰とでも働ける
――12の会社で学んだ“これから”の仕事と転職のルール

2018年４月18日　第１刷発行
2018年９月12日　第２刷発行

著　者――――尾原和啓
発行所――――ダイヤモンド社
〒150-8409　東京都渋谷区神宮前6-12-17
http://www.diamond.co.jp/
電話／03･5778･7236（編集）　03･5778･7240（販売）
執筆協力――――田中幸宏
ブックデザイン―杉山健太郎
校　正――――――三森由紀子、鷗来堂
本文ＤＴＰ――――一企画
製作進行――――ダイヤモンド・グラフィック社
印　刷――――――堀内印刷所（本文）・慶昌堂印刷（カバー）
製　本――――――加藤製本
編集担当――――横田大樹

ISBN 978-4-478-10202-2

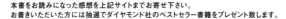